JN068911

鈴木庸裕 編著

福島の子どもたち

おとなは何ができたのか

かもがわ出版

はじめに――またしても、子ども不在

震災から10年をむかえようとしている今、コロナ禍と向き合う私たちにはいかばかりかの反省（振り返り）があります。

これまで、子どもたちの生きづらさは、地震、津波、放射能、風評、風化などの災害から始まった生活困難だけでなく、こうした災害が浮き彫りにした（可視化した）それ以前の課題にも原因があることに目を向けてきたつもりでいました。しかし、新型コロナウイルスの感染拡大やこのコロナ禍でのおとなのあり方を見るにつけ、震災の教訓をいかせず、十分な備えをしてこなかったのではないだろうか、コロナ禍の狭間にまたもや「子ども不在」を見つけてしまった――こうした思いがあります。

東日本大震災と東京電力福島第一原子力発電所の事故から10年。学校や保育所、学童、子育て支援・児童福祉・障がい児福祉などの現場で支援職や援助職の人たちが今、この月日をさまざまな思いで振り返っているのではないでしょうか。「子ども不在・当事者不在社会にどう抗していくのか」という問いかけは、その振り返りのキーポイントです。震災から10年という節目をどうとらえるかという感覚と重なり、新たな問いが私たちにつきつけられているように思います。

福島の子どもたちに寄り添い続けてきた人々は、これまで何ができたのだろうか。子どもたちのどういった声を聴いてきたのだろうか。子どもたちのどんな力を高めてきたのだろうか。どんな力を引き出し、発見してきたのだろうか。本書を、その問いに答えていく機会にしようと思いました。

第1章では、こうした問いの背景となった社会情勢と、子どもたちの家庭や地域、学校、居場所の課題を論じています。第2章では、学校や保育所、学童の職員、子育て支援・児童福祉・障がい児福祉などに携わってきた方々が、自分たちの実践を通じたこの問いへの答えを述べています。第3章では、各分野・領域の支援者がいかに組織的力量を高め、みずからのエンパワメントにあたってきたのかを検証しています。第4章では、当時小学生や中学生、高校生であった若者たちから、支援者（教師やスタッフ、ボランティア）や親など周囲のおとなたちへのコメントをもらいました。当時のおとなからの働きかけについて感じたこと、自分たちの声（意見表明）はいかせたのか。自身の今と向き合う中での言葉です。

震災から今日まで、福島の子どもたちからの問いは、人として生きるとはどういうことなのかというものではなかったかと思います。もっとも重い問いです。本書はそのことを十分に拾いきれるものにはなっていないかもしれません。しかし、「子どもの声を聴く」、「子ども中心」といいつつ、子どもたちが自己責任だと思わされてしまうような「当事者支援」の潮流に抗して、気づきを文字にしようと努力しました。本書の執筆を途中でリタイアされた方もおられます。本書の問いが答えるのに決してたやすいものではないこと、今も「子ども不在」に抗している渦中にあるという現実を、読者の方に理解していただければと思います。

文末ながら、本書の刊行にあたり、かもがわ出版の伊藤知代さんにお世話になりました。執筆者一同、謝辞を申し上げます。

2021年1月

鈴木庸裕

もくじ

福島の子どもたち　おとなは何ができたのか

第2章　子どもの声を聴き、子どもの力を引き出すために

第3章　これからの支援者、専門家の役割を考える

第4章　子どもだった私たちはおとなをどう見ていたか

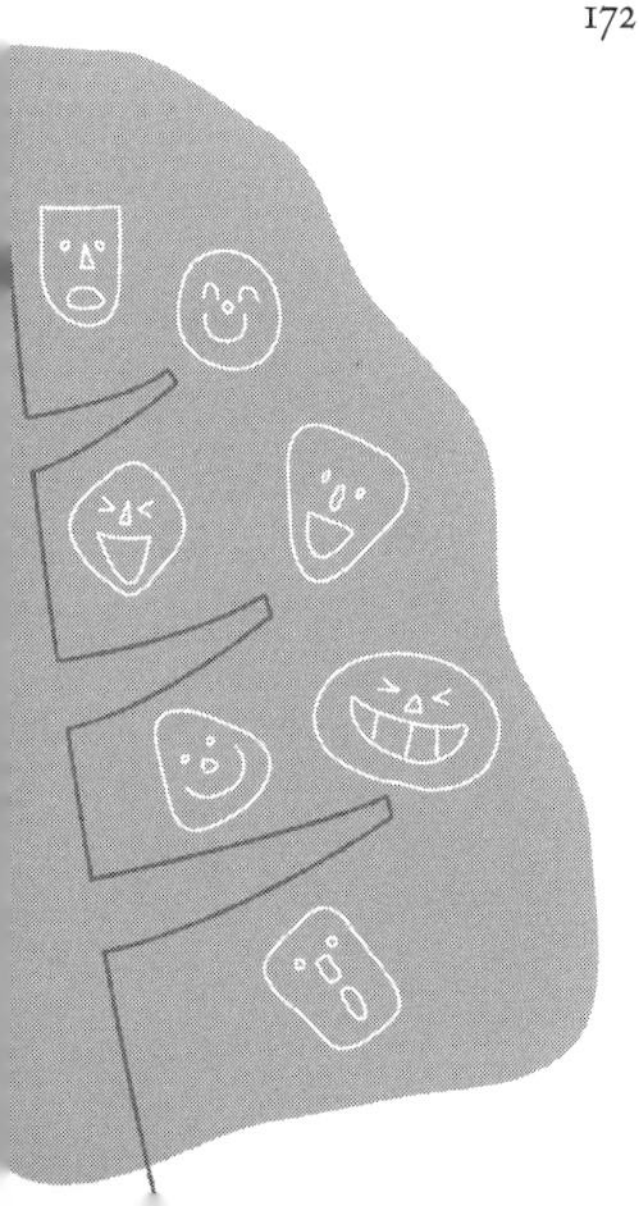

装丁・イラスト／田中律子
本文ＤＴＰ／小國文男

第1章

おとなは子どもたちを支えることができたのか

子ども不在、当事者不在に抗して

――子どもたちからの問いを受けとめながら

鈴木庸裕
日本福祉大学

地元を離れた子どもたちは5万人

「先輩たちの卒業式の感動から止まっていた時計が動き出した。みんなと一緒に浪中を卒業したかった」

2011年8月26日付の福島民報新聞に掲載された記事の見出し文です。浪江町《なみえまち》の浪江小学校と浪江中学校が避難先の旧針道小学校舎（二本松市）で合同開校式をおこなったときの、他県の避難先から戻った中学3年生による挨拶の一節でした。

3月11日午後2時46分、午前中に卒業式を終えほっとした児童・生徒や保護者、教職員を大きな揺れが襲いました。今も災害の傷跡を残す浪江町の請戸《うけど》小学校の時計台は、午後

3時38分で止まっています。１・５キロ離れた高台の大平山に全校児童・教職員が逃げたあと、校舎を津波が飲み込みました。地震発生から小学校の時計が止まるまでの50分ほどの経験は、すさまじいものがあったと思います。

津波や地震により生活ができない区域、あるいは放射能汚染による避難指示区域（のちの帰還困難区域）から、５万人の子どもたちが親きょうだいとともに地元を離れました。この数は、権利としての自主的避難を含めるとさらに大きくなります。２学期から学校が再開されましたが、それまで浪江中学校の在校生たちは、避難先の自治体や近隣の中学校に分散し、一時期は、県内外の数百の中学校に一時在籍や転校していました。

福島県全体で、震災以降、県外へ転出した児童生徒は1万８０００人を越えました。震災から2、３年は、故郷を離れ転居する家族と戻ってくる家族とがめまぐるしく交差しました。転入生を迎えたり転校生を見送ったりと、歓送迎会が連日のように続いた学校が県内あちこちで見られました。子どもたちの学習や生活の場、集団生活を送り、友達、仲間と友情・連帯を育む場が大きく変質しました。避難によって子どもたち一人ひとりの感情や要求、願いの消去が始まった場合もあれば、避難の前からあった学校や家庭、地域での生活格差が表面化してさまざまなものを失った場合もあります。

子どもたちの当事者性の喪失

学校生活では屋外での授業や行事が制限され、2012年4月7日、ようやく多くの自治体がそれまでの「屋外活動1日3時間以内」という規制を解除しました。その後、放射線の線量が高い地域では、登下校時間や体育の時間、学校行事全体をあわせて「屋外活動1日2時間以内」という制限を設けました。校庭の表土除去や花壇の撤去、芝生の張り替え、校庭の木の伐採、校舎の洗浄などがおこなわれましたが、除染後の高線量残土の貯蔵場所は未定のままでした。どこにも持ち出すことができず、すべて敷地内に穴を掘り埋め込んだため、いわゆる「ホットスポット」が校庭の隅に生まれました。子どもたちは健康調査とホールボディ・カウンタ検査に追われ、積算線量計（ガラスバッジ）を首からぶら下げて遊んでいる子どもたちの姿には痛々しさが感じられました。

いったん前籍校に戻ったものの、人数がそろわず集団競技の部活動ができないため、泣く泣く転出校に戻った子どもたちもいました。転校先に馴染めなかったり、いじめにあったり、全く学校に通えないままに前籍校へ戻る子どもたちもいました。学校休業や学習の空白、運動不足、幾度にも及ぶ転校（転居）の影響は、学習意欲の低下や情緒的な不安定、荒れにつながりました。

そのなかで、「心のケアではなく、生活環境の改善に力を貸してほしい。心のケアは生活基盤や経済的・人的な余裕がある人の話だ」という支援者の悲痛な声がたくさんありました。とくに、避難所生活から仮設住宅への移動の時期は、子育てや養育を成り立たせる社会的環境や家族の生活基盤そのものが具体的な支援対象とされねばなりませんでした。「生活のケア」です。震災から数年、クラスの７割の子どもの親が無職だったという学級担任の声もありました。

避難所生活から仮設住宅、公営住宅に移ると、生活費等が全部自前になり、個別性の高い住居では、家族の力だけで復旧や回復をめざさねばならなくなりました。自分の居場所が確保できない子どもたちの上に、自己責任という重圧が覆いかぶさってきました。私はここに、人に相談したり頼ったり甘えたりすることができなくなるという当事者性の喪失があったと思います。生活復興にかかわる補助や助成の時限が定められ、その打ち切りが自治体レベル、事業所レベル、家庭レベルで進んでいくと、子どもたちは見えないところでさらに締め付けられていきました。

当事者性はどこにあるのか

「当時、私は小学生でした。どうして避難したのか、どうして転校したのか。今ようやくその理由や家族の思いがわかり納得しました。母親は母親なりにさまざまなことで悩んでいたことがわかりました。私やきょうだいのことだけでなく、職場のことも考えていました。父親は、自分や家族のことを心配しながら、消防団として他の家庭や地域や会社のことを同時に心配し生活していたことがわかりました。両親がともに家族や地域の人たちのことを心配していたことを知ることができて、避難の意味がはじめてわかるようになりました」これは現在、高校生になった男子生徒の言葉です。

また、当時中学生だった女性は、「避難先で、きょうだいがどこの学校や園に通うかで、家族がバラバラになるということがありました。父親が仕事探しで県外に行き、家族分離がとまらない時期もありました。父親が福島に残り、放射能禍で母子避難を選ぶ人たちが友達にも多くいました」と話します。このように、過酷な家族会議が続き、その様子に子どもながらに悩み、親の言葉や顔色を読み、行動してしまうことも多かったと思います。子どもの笑顔は、まさに親（おとな）を気遣う表情でしかなかったのではないでしょうか。

その後、生活インフラが整い、見た目の日常が戻ってくると、ようやく「その日」の出来事が語られはじめました。

「震災から7年が経つと震災体験の風化が進んでいる。当時私は小学校の低学年でしたが、震災が記憶に残る最後の世代なのかなあと思います。知らない世代に伝えていくのは私たちの役割じゃないか」

「避難の原因となった原発事故は決して二度と起きてはならないし、同じ思いをみんなにさせたくない。この経験をいかし、同じ過ちを繰り返させないことが大切だ。いのちの大切さを自覚し、亡くなった人の分まで自分は一生懸命生きる義務があると思った」「震災を通じて人とのつながりの大切さを実感した。日本で、世界でさまざまな災害が起きている。今度は自分もできることをしたい」

自分の経験を次にどうつなぐのか。「伝えていく」という言葉が示すように、子どもたちの言葉は他者に向けたメッセージに変化しています。その変容に、当事者性があります。この思いを具体的にいかせるように励まし、その環境をつくりだしていくことが、子ども不在に抗していく姿であったのではないでしょうか。ものごとを「我がこと」とするだけが当事者性ではありません。他者のために何ができるのかという思いを持つことも、当事者性です。それは自分がコミュニティーの一員だという意識があるからです。そういう意味での当事者性は、自分がまわりの人たちや社会に支えられていることを実感してはじめて生まれるものです。孤立させられていては、当事者性は生まれようがありません。

一人ひとりそれぞれの「支えてくれたもの」

誰もが当時を思い出すきっかけがあります。テレビでは、毎年3月11日が近づくと、捜索の話題や地域復興のイベント情報が流れます。この10年、毎年恒例のようなマスコミの対応です。

しかし、当時を思い出すきっかけはみんなが違っていて当たり前です。人それぞれに、あの時、あの頃の自分をその後も支えてくれたものがあると思います。当時の知人とのふとした出会いや何かの曲がきっかけのこともあります。ちなみに、私のその一曲は、ゆずの「栄光の架橋」です。決して「ポポポポーン」のCMではありません。このフレーズを覚えておられるでしょうか。いまもネットで「ポポポポーン」と検索すると出てきますが、ぞっとする苦しさを感じます。当時、長らくテレビではCMが自粛され、テレビ画面の上と左右に字幕が付き、インフラや物資配給の状況、交通状況、避難施設の状況などが流れ、四六時中もの悲しいバイオリンの曲をバックにしたCMや、この「ポポポポーン」が流されました。

人の回復や復興を意味する「レジリエンス」という言葉があります。これも当事者の言葉として使われないのであれば、外部から人々の心をしばりつけ、誰もが回復するものだと決めつける言葉となります。

子どもたちが「歴史を継承すること」への補償

当事者性を支える法的根拠はどうなっているのかについても、目を向けなければなりません。

放射能禍による住民の強制移動がなされたとき、その理由や手続き、どのような保障があり、移転先はどういうところかなどについての十分な情報提供はなく、それらをめぐる同意や確認はまったく省かれていました。ただ当時の指示は「西に逃げろ」だけでした（東は太平洋）。

福島復興再生特別措置法（２０１２年3月30日）の第１条には、「この法律は、原子力災害により深刻かつ多大な被害を受けた福島の復興及び再生が、その置かれた特殊な諸事情とこれまで原子力政策を推進してきたことに伴う国の社会的な責任を踏まえて行われるべきものである」とあります。

第2条では「原子力災害からの福島の復興及び再生は、原子力災害により多数の住民が避難を余儀なくされたこと、復旧に長期間を要すること、放射性物質による汚染のおそれに起因して住民の健康上の不安が生じていること、これらに伴い安心して暮らし、子どもを生み、育てることができる環境を実現するとともに、社会経済を再生する必要があることとその他の福島が直面する緊要な課題について、女性、子ども、障害者等を含めた多様な住民の意見を尊重しつつ解決することにより、地域経済の活性化を促進し、福島の地域社会の絆《きずな》の維持及び再生を図ることを旨として、行われなければならない」としています。

また、原子力災害が及ぼした影響は、「避難する権利」の阻害であり、ADR（裁判外紛争解決手続）の課題ともなっています。2012年6月21日に議員立法で成立した「原発事故子ども・被災者支援法」は、支援対象地域で適用されるものとし、以下の観点を示しました。

1. 医療を充実させること
2. 子どもの勉強を保障すること（補習や屋外での運動）
3. 食べものの安全性を確保すること（学校給食の検査）
4. 放射線量低減の取り組みを支援すること
5. 被災地の子どものリフレッシュキャンプをおこなうこと
6. 家族と離れて暮らす子どもを支援すること
7. 避難する際の移動、移動先の住宅確保、子どもの学習、仕事、避難手続の支援をすること（避難した人が元の地域に戻る際の移動、住宅確保、仕事、帰還手続の支援も含む）

これらは、移動先自治体の基本的責務です。「被災者の孤立感を解消する重要な役割を有している旨」という文言で各自治体に課せられ、住民票の移動なしでの行政サービスの提供、被災者の相談・支援対策を一本化したワンストップ窓口の設置、被災者と受け入れ地域の住民及び被災者同士の交流会の定期的な開催などがあります。

家族と離れて暮らさなければならない子どもへの支援として、「支援対象地域から親が子どもに会いに来る、または、子どもが親に会いに行く際の交通費の助成（高速道路の無償化等）を行うこと」、「家族と離れ、母子もしくは父子で避難している被災者に対し、子育て支援サービス（一時預かり保育事業、子育て短期支援事業等）」を実施することも書かれています。しかし、いまやこれらは終了したという見られ方をしています。

こうした法令の観点や法的仕組みは、地域の教育的機能や福祉的機能の視点でいえば、次代を担う子どもたちの歴史を引き継ぐ権利の喪失を防ぐことです。今日、集団訴訟などで示される損害賠償問題の柱の一つである「歴史を継承することへの補償」を受ける主人公は、本来、子どもたちであらねばなりません。「紛争解決」ではなく「葛藤解決」といえば、子どもたちへの補償はもっと重要なものと考えられるでしょう。

被災地を訪れる学生たちの当事者性

２０２０年１月に、日本福祉大学鈴木ゼミの学生たちと浪江町や大熊町を訪れました。ある学生は福島調査報告の中で次のように記しています。

「被災地が復興に向かっているなか、私たちにもできることがないだろうか。今の私にできることは、この福島調査を通して学んだことを伝えることだと考える。調べても出てこないような情報を伝え、東日本大震災がまだ終わってないことをはっきりと伝えることが私たちの使命だと思う。自分が住む愛知県の地域でも南海トラフ地震が発生し、大きな被害が出ると言われている。地震が起きた時の避難場所の確認や、防災グッズを揃えるなどの、発生前にできることをやることによって被害が減るので、早めに取り組みたいと思った。難しいことを始めるのではなく、今できることから少しずつ始め、この学びを多くの人に広めていきたい。東日本大震災の被災地の早い復興とともに」

中・高校生の修学旅行で双葉町《ふたばまち》などの相双地区を訪れることが増えています（宮城県や岩手県の沿岸部への訪問も）。当事者である子どもたちや青年が、ここにも大勢います。

また別の学生は次のように書きました。

「事前に東日本大震災にかかわる本を読み、地域づくりの復興過程や子ども支援の視点などを調べ、住民の声が復興計画にどう反映されたのかについて関心を持っていました。住民にアンケートをとって良いシステムが導入されていると思っていたが、アンケート通りに動くと、いずれ住んでいる人の負担になるという声を地元の方から聞き、住民の声を聞くだけがいいことではなく、あまりにも良いものを取り入れると将来マイナスになる部分もあるということを知ることができた。復興計画を立てるときに住民の声が大事にされ、主体的権利者として尊重され、みんなで地域を創っていくことは理想的だが、今だけをみるのではなく、将来のことを見通すことも大切だと思った」

これも当事者性を示すものです。

当事者不在に抗する社会を子どもたちとともにつくる

どうしてこんな目に遭わないといけないのか。憤りの言葉はそのままでは、復興への創造知とその行動にはつながりにくいかもしれません。身のまわりの安全や家族の安否、食べるもの、寝るところをめぐって、誰もが相手の話を聴き周囲と対話することが不十分であった時期が過ぎ、ようやく言葉になるまでには数年かかったかもしれません。「絆」という言葉が、マスコミやタレント、識者から降り注がれましたが、しっくりしない言葉でした。広辞苑などで調べると、「牛馬をつないでおく綱」、つまり自由にしない足かせの意味もあります。人と人とを離れがたい親密な様にさせるものがあるわけです。こうしたものを「蓋」として考えると、まずおとなが、自身の記憶に蓋をしていたことに気づき、蓋をしているものが何であるのか、どうして蓋がされるのかについて問う必要があります。一人ではとてもしんどいことです。しかし、子どもたちの力を借りるとどうでしょうか。

「重たい課題を背負ってしまった。しかし、こんなときだからこそ、大勢の人々と課題（イシュー）を分かち合いながらともに歩んでいく。いま、こうした行動が私たちに試されているのではないだろうか」——これは震災から数年経ち、ようやく率直に言葉で示せるようになった私自身の言葉です。

第4部の当時の子どもたちの声は、私たちおとなへの問いだと思います。問われていることに気づき、問われていることに応えることができる我が身でありたいと思っています。

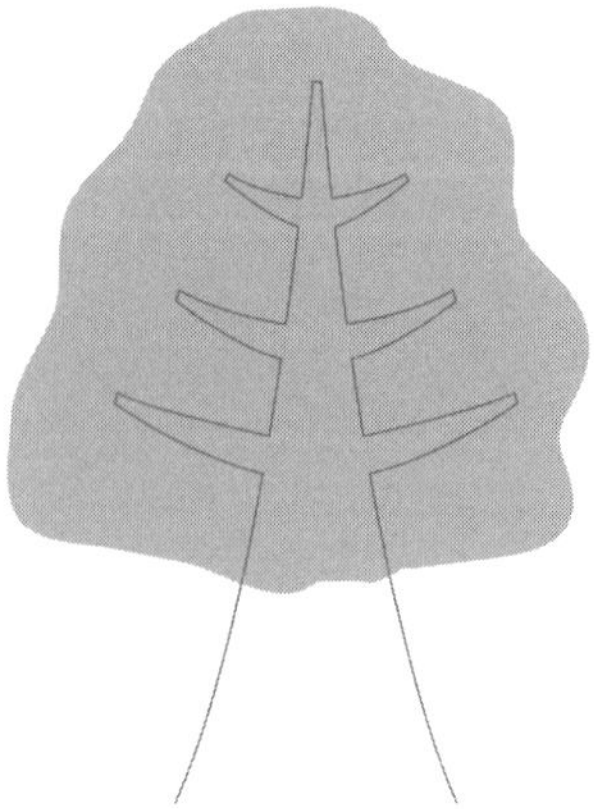

子どもの声を地域開発やコミュニティーづくりにいかす——おとなを動かした子どもたちの想い

丹波史紀
立命館大学

東日本大震災における原子力災害と被災地

２０１１年３月11日から10年という月日が過ぎた。東日本大震災では、地震と津波の甚大な被害と、福島第一原子力発電所の事故に伴う未曽有の原子力災害に見舞われた。死者・行方不明者をあわせ約２万人もの人びとが被害を受けている。建築物被害をみると、全壊12万８５５８戸、半壊24万３４８６戸、一部破損67万３３９７戸という状況である。

福島県のみならず東日本全体に放射性物質が飛散し、とりわけ福島原発から北西方向で高濃度の放射能汚染があった。政府の指示する警戒区域などの避難指示区域以外でも「ホットスポット」と呼ばれる比較的線量の高い地点が検出されるなどし、住民生活全般や産業などに深刻な影響をもたらした。これより、避難指示区域以外の地域からも「自主的に」住民たちが多く避難した。

復興庁の調べによれば、避難先は福島県を除く46都道府県すべてに及び、１７００あまりある全国の自治体のうち、7割にあたる１２００市区町村に被災者が離散している現状である。ちなみに、都道府県でみると、当初最も県外避難者が多かった自治体は山形県であった。これは福島県の県北地方から避難する人たちが隣県の山形県に避難したことが要因となっているが、その後山形県は徐々に避難者数が減り、東京都や埼玉県など関東圏で生活する避難者が多い状況が続いた。

被害が複合する困難の中での「復興計画」

福島県は、地震・津波並びに原発事故の被害が何重にも折り重なって複合している。とくに、避難指示区域に設定された地域の自治体は、原子力発電所の事故収束・除染等の進捗や空間放射線量の低減、中間貯蔵施設建設、区域解除など、復旧・復興の計画を策定し実施する前提となる条件が不確定なために、計画の具体化に困難を極めた。一方で、少なくない被災自治体が、役場機能ごと広域に避難することを余儀なくされ、避難住民が全国各地に分散するなか、被災者支援に大きな障壁をかかえた。そのため広域行政や国の役割が重要であった。

福島県では、２０１１年8月に「福島県復興ビジョン」を策定し、復興に向けた「大まかな方向性」を確認した。具体的な計画策定が見通せない中で、福島県が今後被災地の復興に向けてめざすべき基本的なスタンスを確認することから始まることになった。さらに、そのビジョンを具体化するために、「福島県復興計画」を２０１１年12月（第1次）、２０１２年12月（第2次）、２０１５年12月（第3次）と、3回にわたって策定・見直した。

被災地自体の多くが、通常の行政事務の実施すら困難な状況にありながら、広域的に避難する被災者の支援に早急に取り組む必要性があり、被災者への応急仮設住宅の提供、あるいは復興公営住宅など公営住宅の確保、生活インフラや風評被害払拭を含む産業基盤の整備などで、福島県の役割が求められた。２０１２年3月に施行された「福島復興再生特別措置法」に基づき、同年7月13日には「福島県復興再生基本方針」を閣議決定した。福島県全体の復旧・復興の基本的方針を確認するとともに、広域的に避難する被災者の支援や風評被害対策などで、国が広範囲にわたる被害に対応するための独自の取り組みの具体化を図った。

時期的な見通しが立てられないもとでの計画策定

福島県内の浜通りを中心とする被災市町村においては、地震・津波の自然災害と原子力災害の両方の被害を受け、復興計画策定などで多くの課題が存在した。福島県以外の被災地が復旧・復興の取り組みを進めるための計画策定に着手した段階でも、福島県内の多くの被災自治体は住民避難や自治体移転などの影響によって、なかなかそこまでたどり着かなかった。

南相馬市では、2011年8月に「南相馬市復興ビジョン」を策定し、その後2011年12月に「南相馬市復興計画」を策定した。浪江町では、2012年4月に「浪江町復興ビジョン」を策定、2012年10月に「浪江町復興計画」を策定した。その後、各被災自治体において復興計画が策定されることになるが、復旧・復興の時期的な見通しが立てられない特殊事情から、多くの自治体では計画年限を示せないままの計画づくりとなった。さらに計画は、廃炉作業・除染の進捗・中間貯蔵施設の受け入れ是非・避難指示解除の方針など状況の進捗に応じて、随時見直しを余儀なくされた。例えば、飯舘村《いいたてむら》は2011年6月の「までいな希望プラン」から2011年12月の「いいたて までいな復興計画」、さらに2015年6月の「いいたて までいな復興計画第5版」まで、随時計画見直しをおこなってきた。

福島県の多くの被災自治体の復興計画に特徴的であったのは、避難指示解除を当面望めない自治体が、当面の被災者の生活再建（「人の復興」）を優先させ、徐々に地域の復興（「まちの復興」）を進めることになったことだ。

このように、国・福島県・被災市町村の計画と施策の実施においては、地震・津波による自然災害の影響と、原子力災害による複合的な被害の両方の課題があり、除染・中間貯蔵施設建設や全国各地に広域避難する住民サポートなど、他の被災地と異なる課題に取り組まなければならなかった。

住民の選択を尊重し、くらしの再建を第一に掲げた浪江町

浪江町では、復興計画策定の前提条件が見通せないことから、その前に復興ビジョンを策定することとした。2011年10月に第1回目のビジョン策定委員会を開催し、その後計8回の委員会によって検討を重ねた。その過程で、高校生以上の町民（1万8448人）を対象にした「復興に関する町民アンケート」を実施した。この策定委員会の中で、住民のさまざまな意見が交わされ、町が提示する復興ビジョンのあり方に疑問や意見が多く出された。最も大きな課題の一つは、住民の「帰還」をめぐってであった。町は当初早期の住民の帰還を想定していた。しかし町民の中から、もとの町に帰ることができないと考え

る意見が少なからず表明された。とくに子どもをもつ親世代からは、町に帰ることへのためらいが多く出された。

一方、長期にわたる避難生活が想定される状況で、町の再生以前に避難生活における住民の生活再建が早期に求められていた。そのため、浪江町の復興ビジョンの第一の柱は「すべての町民の暮らしを再建する〜どこに住んでいても浪江町民〜」とし、当面3年間を見通した短期計画の策定と早期実施を打ち出した。これは、「最優先に復興すべきものは『一人ひとりの暮らしの再建』」であり、将来のあり方についてはそれぞれの考えを尊重し、「今どこに住んでいようとも、今後どこに住んだとしても、すべての町民の命が守られ、幸せな日々の暮らしを取り戻せるよう」追求していこうというものであった。自治体の側からすれば、帰還しない住民をも支えていこうというビジョンを打ち出す画期的なことであった。住民一人ひとりの選択を尊重し、住民の暮らしの再建を第一に掲げたこうした自治体の取り組みが被災地で進みつつあることが注目される。それは、原発事故によって放射能汚染の甚大な被害が起こる中でのギリギリの選択でもあった。

「震災前の浪江町を取り戻したい」という子どもたちの想い

浪江町の復興ビジョンでは、「復興の基本方針」として、先の柱に加え、もう一つ「ふ

るさと なみえを再生する～受け継いだ責任、引き継ぐ責任～」を掲げている。

同町では、小学生1年生から中学生3年生までの1697人を対象にした「復興に関する子ども向けアンケート」を実施した。71・7％（1217人）という高い回収率があり、多くの子どもたちが町の復興について意見した。回答では、「今の生活で困っていること」への設問（複数回答）に対し、「浪江の友だちと会えなくなった」（78・6％）が最も多く、他にも「家が狭い」（54・7％）、「また地震や津波がこないか不安」（51・4％）、「自分の部屋がなくなった」（41・2％）、「放射能のせいで病気にならないか不安」（35・7％）などがあげられていた。一方で、「今の生活でうれしかったこと」の設問（複数回答）に対しては、「新しい友だちができた」（82・4％）が最も多く、その他にも、「学校が楽しい」（55・6％）、「家族の大切さが分かった」（50・8％）、「友だちの大切さが分かった」（47・8％）、「周りの人が親切にしてくれた」（46・9％）などの答えがあった。さらに、「浪江町のことが好きですか」という設問には、84・6％とほとんどの子どもが「好き」と答えていた。

またこの子どもアンケートでは、「おとなになったとき、浪江町はどんな町になってほしいですか」と「その他、町長にお願いしたいこと」の2つについて自由記述を取った。子どもたちは自分の想いを丹念に書いた。なかには、浪江町の風景の絵などを描く子どもたちもいた。子どもたちは浪江町に愛着をもち、震災前と同じような浪江町を取り戻したいという想いにあふれていた。当初、役場職員はパソコンで自由記述を入力しようとしたが、子どもたちの想いにふれ、一つひとつスキャナで読み取り、そのままの記述を町民に知ってもらうことにした。

ふるさとを引き継ぐ責任をおとなたちが果たす

このアンケートからは、子どもたちがおかれた実態と浪江町の復興に対する想いがよく理解できる。半数の子どもたちが家族離散を経験し、8割近い子どもたちが「浪江の友だちと会えなくなった」ことを一番の困りごととしてあげ、避難生活における困難が子どもたちにも降りかかっている現実がある。一方で、子どもたちがふるさとに対し、「きれいで安全な町」「自然豊かな町」「明るく賑わいのある町」という表現で愛着をもち、子どもたちの多くが「震災前のような浪江町に戻ってほしい」と感じている事実をおとなたちに突きつけた。アンケートの結果は、それまで住民の帰還やふるさとの再生にゆれていた検討委員会の空気を一変させた。

浪江町復興ビジョン策定の委員会では、「子どもたちのため」とおとなたちが議論していることに対し、実際に子どもたちの声を聞こうという意見が出された。子どもをもつ親の立場からすれば、町への帰還へのためらいがある一方で、実際の子どもたちは浪江町に愛着がありふるさとを想う気持ちが強いことが、子どもをもつ委員から発言されたこともあった。委員会の中で、ある区長は涙ながらに「自分が生きているうちに浪江町に戻れるかどうかわからないが、子どもたちに浪江のふるさとを引き継いでいきたい」と発言した。

こうして浪江町の復興ビジョンにおける「復興の基本方針」のもう一つの柱として、「ふるさと なみえを再生する～受け継いだ責任、引き継ぐ責任～」という方針を掲げることになった。子どもたちにふるさとを引き継ぐ責任をおとなたちが果たすこと、すなわち、ふるさとの再生を大きな目標に掲げたのである。これは、被災者一人ひとりの生活再建を支援しつつ、将来ふるさと

浪江町の子どもアンケート

に戻るという選択を可能にするためにおとなの責任を果たそうという決意の表れともいえる。

子どもを含めた住民が復興計画に参画

復興ビジョンの過程を振り返ると、帰還に向けてゆれていた町民の気持ちが、子ども向けアンケートの結果によって変化していった。次世代のためにふるさとを取り戻し、引き継ぎたいという気持ちが生まれ、ふるさとの再生を実現するための責任を、帰還の有無にかかわらず地域に住んでいた者として引き継いでいこうと考えるにいたった。子どもの意見表明が、現実として町の将来のあり方を決める方針に反映され、生かされた事例ともいえる。

浪江町だけでなく、避難を余儀なくされている多くの自治体では、復興の基本的な考え方として、「帰る」「帰らない」ではなく、一人ひとりの被災者が生活を再建できるようにする「人間の復興」と、将来における「地域の復興」の両方を復興の基本としている。それは、浪江町の事例からも明らかなように、多くの住民の参画にもとづく復興の基本的理念の共有が大きな要因となったことを確認する必要がある。

その後、浪江町は、住民が互いの意見を尊重し合い合意形成を図っていく姿勢を貫き、復興ビジョンの基本方針を共通認識にしながら復興計画づくりに取り組んだ。復興計画の策定委員会には、１００名を越える町民が委員として参加し、各部会に分かれてこれからの被災者の生活再建と地域の再生について検討を重ねた。このように子どもを含む住民が復興計画づくりに参画したことで、その後、町の青年たちが定期的にふるさとの将来について考える「ふるさと未来創造会議」という勉強会や、ＮＰＯ団体による30年後の町の将来を見すえた町民の継続的なワークショップなど、民間レベルでの復興ビジョンの提起なども生まれることになった。

多様性を欠いた「福島再生加速化交付金」

未曽有の原子力災害の前に、被災自治体は手探りで人と地域の両方を見すえた復興計画を策定したが、実際の復興政策はどのように進んだのだろうか。

井上博夫氏は、２０１１年度から２０１８年度までの国と福島県における避難指示12市町村の復旧・復興関係にかかわる財政分析をおこなっている（井上博夫「福島原発事故からの復興政策と財政―避難指示12市町村の財政分析に基づいて―」２０２０『環境と公害』vol.49、no.４、43－49頁を参照）。もともと原子力災害は、原子力発電所事故にともなう廃炉作業の費用がかかり、被害が直後だけにとどまらず長期にわたり損失をもたらすことから、中長期の復興事業とその財政措置を必要としていた。そのため、東日本大震災からの復旧・復興費用とは別に「福島再生加速化交付金」を２０１４年から新設し、その費用をまかなうことにした。

井上氏はこの福島再生加速化交付金を分析し、それが「多様性を欠いた」ものになっていると指摘する。というのも、２０１１年度から２０１８年度までの国の復旧・復興関係経費総額は約31・5兆円であるが、福島県は、国庫支出金の交付先の多くが「岩手、宮城に比べ県に偏っており、その一部が県支出金として市町村に移転されているため」である。また井上氏は、福島県に対する国庫支出金（約4・6兆円）の大半が「その他」とされる費目にあたり、その額が3・2兆円にのぼることを指摘している。その理由は、「除染関係補助金とともに福島限定の財政措置も施されたこと」である。

この「その他」の中身は何か。それは、福島再生加速化交付金（６７２５億円）、中間貯蔵施設整備等影響緩和交付金（１５００億円）、福島原子力災害復興交付金（１０００億円）、福島特定原子力施設地域振興交付金（２５２０億円）である。とくに福島再生加速化交付金は、東日本大震災復興交付金の「福島向け拡張版」であり、その事業メニューは、生活拠点整備や社会福祉施設整備、商工業や農林水産業再開のための環境整備などの帰還環境整備（48事業）、長期避難先における生活拠点形成やその関連基盤整備などの長期避難者生活拠点形成（29事業）と「数多くの事業メニューが列挙されている」。

しかし井上氏の分析によれば、多様なメニューが用意された福島限定の財政措置も、被災12市町村の予算の執行状況をみると、その内容は、公営住宅等の整備にかかわる生活拠点整備（50・８％）や、産業誘致などの商工業再開のための環境整備（24・７％）が中心で、住民の生活環境（２・４％）や健康管理（２・９％）、社会福祉施設整備（１・９％）にはごくわずかな事業費しか充てられていない。その点で「市町村の事業選択は、住宅等の生活拠点整備と産業振興に偏してきた」。こうした一部事業に偏った事業支出は、多様性を欠いたハード中心の基盤形成といえる。こうした点を井上氏は、「地域再生と避難者（特に県外）の生活再生が調和しない恐れがある」と指摘する。

圧倒的に予算が少ない教育・子育てのソフト事業

子どもにかかわってはどうか。復興事業の支出についてみると、学校再開のための「学校施設環境改善等」には一定の予算が講じられているが、全般として教育・子育てにかかわる事業（とくにソフト事業）は圧倒的に少ない。

「人間の復興」と「地域の復興」を掲げた被災自治体の復興計画であったが、被災者の住まいや暮らしの生活再建は一部にとどまり、当初の想定から大きく異なる施策がおこなわれることになった。国の定めた福島復興再生特別措置法による枠組みと、そのグランドデザインが示されたことでハード中心の事業となり、「イノベーション・コースト構想」などハコ物が施策の中心となっていった。

ただし、これは国が一方的にハード中心の事業に予算投入したからとばかりはいえない。復興事業のメニューが一定幅広く用意されていたにもかかわらず、現実の施策を展開する際に被災自治体がそれを全面的に活用することなく、一部のハード中心の事業にとどまる予算執行を選んだという側面も否定できない。その点では、当初復興計画に掲げた「人間の復興」をどう実現していくかという具体的な生活再建のあり方やその戦略が、十分自治体側にも構想できていなかったことの結果であろう。

行政機能そのものが移転する中での学校現場の努力

震災後、多くの福島の子どもたちが県内外で避難生活を送りながら学校に通う状況が続いた。県内の浜通りにある双葉高校、浪江高校（津島校も含む）、富岡高校、双葉翔陽高校、原町高校、相馬農業高校（飯舘校を含む）、小高《おだか》商業高校、小高工業高校の8つの高等学校に在籍していた生徒に対しては、県内の他の高校を利用するサテライト方式で授業が実施された。震災直後、8つの高校に通う約3200名のうち、県内外の高校へ転校を希望した約１４００名を除く、約１８００名がサテライト校方式を利用した。これまで通い慣れた校舎とは別の仮校舎（プレハブや体育館を利用）などを利用する場合もあり、生徒たちは学習環境に多くの制約を受けた。避難指示が継続した地域にある高校は休校を余儀なくされた。

小・中学生も、震災直後は、避難所からその周辺の学校に通う児童・生徒が少なくなかった。避難した自治体が避難先で学校再開をした場合もあったが、多くは自分の避難先の自治体の学校に「区域外就学」した。

では、当時の学校現場はどうなったか。避難した自治体は、福島県の方針が示されず連絡もままならない中で、多くが独自に判断して対応した。例えば双葉町は、一時県内の川俣町に避難をしたが、3月19日にさいたま市のさいたまスーパーアリーナへ再避難した。当初は別の自治体への避難を想定していた児童・生徒やその家族は、さいたま市へ避難することになった。しかし福島県内に残る、あるいは他の県外に避難するケースもあり、学校関係者は児童の所在を確認することすら困難を極めた。それでも4月1日には埼玉県加須市の旧騎西高校で児童を励ます会が開かれたり、福島県内のホテル「リステル猪苗代」に学校事務室の一部をつくり教員を配置して対応したりするなど、それぞれが努力をした。

双葉町は、２０１３年6月17日に役場機能を埼玉県加須市から福島県いわき市に移した。

双葉町民の多くは、原発事故から2年3か月という月日を県外で生活したことになる。役場機能ともに県内での学校再開が期待され、その準備もおこなわれ、2014年4月にはいわき市にある地元銀行の元出張所内に仮校舎が設置された。同年8月には、いわき市錦町にふたば幼稚園、双葉南小学校、双葉北小学校、双葉中学校の仮設校舎が完成した。ただし、実際の児童・生徒数は、ふたば幼稚園2名、双葉南小学校2名、双葉北小学校3名、双葉中学校8名という状況であった。それでも学校関係者の努力によって、児童・生徒数が少ないなかでも教育の質の向上を図る努力がおこなわれた。

子ども自身が参加した「双葉郡子供未来会議」

一方で、浜通りには休校になった高校も複数あり、そこでの生徒の高校進学が課題になった。2012年12月、双葉郡内の教育長が協力し、教育長会において「福島県双葉郡教育復興に関する協議会」が設置され、2013年7月末には「福島県双葉郡教育復興ビジョン」を策定し発表した。同地域にあった双葉高校、浪江高校、浪江高校津島校、富岡高校、双葉翔陽高校は、福島県の内外でサテライト校として授業を続けていたが、元の地域での学校再開の目途はたっていなかった。2015年度から、これらの学校は募集停止となった。

「福島県双葉郡教育復興ビジョン」では、郡内の教育環境の充実とともに、県内における県立中高一貫校の設置を求めた。福島県と双葉郡地方町村会の協議の末、2015年4月に「県立ふたば未来学園」という中高一貫校が広野町に開校することになった。同校に対し、外部からの著名人講師の活用などこれまでにない取り組みを批判する向きもあるが、前述のビジョン策定では「双葉郡子供未来会議」が設けられ、子どもたち自身が将来や教育あるいはこれからのふるさと双葉郡について徹底的に話し合い、郡内の教育内容の充実が図られた。例えば、郡内の初等教育では「ふるさと学習」などで地域を知り、愛着をもてるような教育実践がおこなわれている。また前述のふたば未来学園では、社会事業部などの部活で地域課題を学習するアクティブラーニングが展開されたり、地域との交流の接点となる地域協働スペースが設けられたり、校内で生徒主体の「café ふぅ」が運営されたりしている。

一人ひとりを大切にする教育・地域づくり

川内村《かわうちむら》では、2016年4月からマラソン大会「川内の郷かえるマラソン」が開催されるようになった。国際試合に参加するマラソン選手をはじめ、県内外から多くの参加者あるいは応援者が駆けつけ、村内の恒例行事の一つになっている。これは、もともと村内の中学1年生（当時）だった遠藤大翔君が発案し、実現した大会である。遠藤くんは県内のマラソン大会に参加していたものの、当時同級生は2人しかおらず十分マラソンに取り組める環境になかった。両親のすすめもあり、村内でマラソン大会を開催することを提案、これをおとなたちが真摯に受けとめ、一大行事にまで発展することになった。当日は、村内の児童・生徒全員が協力し大会を支えた。

また浪江町では、2017年3月末に町内の多くが避難指示解除され、徐々に地域での住民の暮らしが始まった。町ではこれまであった複数の小中学校を統合し、「なみえ創成小学・中学校」として教育活動を再開した。同学校に通う児童・生徒は合計10名で、隣接のこども園に通う子ども13名を合わせても二十数名だったが、子どもの数の多寡よりも一人ひとりの児童・生徒が大事にされのびのび成長できる教育環境を心がけた。運動会には、町内の住民や若者・大学生などのボランティアも参加し、地域ぐるみで運動会を盛り上げようと努力した。このように、学校を軸にこれからの暮らしや教育のあり方を考え、ともにつくり上げていく地域として再スタートしている。

こうした事例に共通するのは、原子力災害という未曽有の災害によって変化した地域の課題を、単にネガティブなものとしてとらえず、課題を克服していくためにどうすべきかを考えていることである。同時に、少ない児童・生徒であっても、現状をふまえ一人ひとりを大事にする教育や地域づくりをすすめている。児童・生徒の声を大事にし、それを実現するために地域のおとなあるいは行政機関などが協力しているのである。

ともすれば、地域の人口回復率が低水準にとどまっていることを嘆き、地域の将来を悲観する意識になりがちであるが、課題が山積する「課題先進地域」だからこそ、そこでの地域づくりは、日本の他の地域のモデルにもなり得るといえる。こうしたささやかな地域の営みを育てていくことにこそ、地域づくりのヒントがあるように感じる。

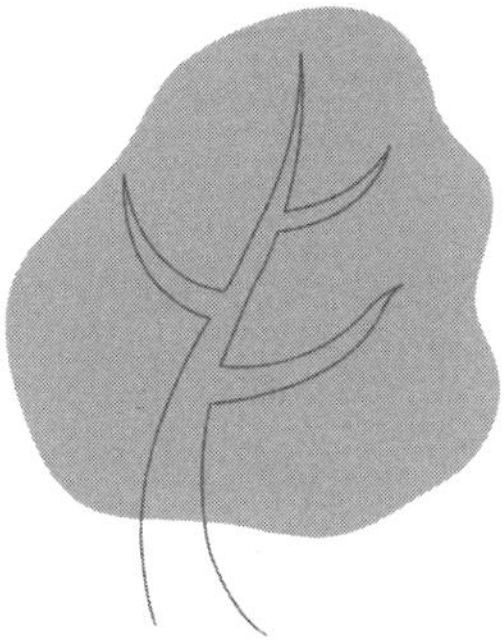

たんば　ふみのり
立命館大学産業社会学部教授。2004年から2017年まで福島大学准教授。2017年4月より現職。専門は社会福祉学。2011年の東日本大震災以降は、浪江町、大熊町、双葉町などの復興計画策定に携わる。ひとり親家庭の自立支援に関する調査にも取り組む。

ニーズの変化に応じた子どもの学習支援

——仮設住宅や復興公営住宅での子どもの居場所づくりから

中鉢博之
ビーンズふくしま

仮設住宅でのつぶやきを聴きながら

被災・避難している方々にとって、今必要なことは何なのか——行政からの情報も限られ、報道での断片的な情報しかない状況で、地域のＮＰＯとして何ができるのかを考えているときに転機となったのが、県内のＮＰＯ団体の連携のもとにおこなった「仮設住宅のアセスメント調査」でした。

２０１１年５〜６月の段階では、ほとんどの避難者が１次避難所・２次避難所におり、仮設住宅はまだ建設中でした。仮設住宅では住環境が変化するのはもちろんのこと、避難者は避難元から数十キロ離れたほとんど知らない土地で、少なくとも数年は生活をすることになります。周囲の生活環境、インフラ、交通の利便性や、近隣の医療機関や学校の情報などを洗い出し、仮設住宅に移った後に必要となる支援や課題は何なのかを市民活動レベルで把握し、いち早く次の支援を提案していくのに役立つ調査でした。

県北地域の調査を担当して、福島市・二本松市・川俣町などで完成したあるいは建設中の仮設住宅をまわりながら感じたのは、インフラの充足度だけでは測れない、生活をするなかで出てくる諸課題があることでした。それに対応する支援メニューは、行政だけでできるものではないし、民間のボランティアやＮＰＯとしても炊き出しや物資支援以外の取り組みについては、工夫が必要でした。そのため何回も仮設住宅に足を運び、自治会長や、住みはじめた方からつぶさに話を聴いていきました。

子ども支援のＮＰＯとしての視点から子どもの生活環境や過ごし方、学校のことなどをたずねてみると、学校へ通うにも、仮設住宅からかなり離れた受け入れ校まで毎日子どもを送迎しなければならないような家庭があったり、子どもたちが帰ってきた後も、４畳半２間にキッチン・風呂という間取りの仮設住宅では、子どもが遊んだり学習するようなスペースがなく、親子がとても近い距離で生活するうちに、過干渉になったり、ストレスをためたりといった様子が見えてきました。

家庭の機能が弱体化したとき、その影響は子どもに顕著に表れます。しかも、家庭も含めて包摂し、見守りや子育ての文化を宿してきた地域社会やコミュニティーそのものが、根底から崩壊してしまっている状況でした。

大学生の支援チームとの連携で「子どもが集える場」づくり

これまで、フリースクールをはじめ、困難な状況に置かれた子どもと親の居場所づくりや相談活動をしてきた経験と視点に立てば、荒れ、いじめ、不登校、虐待など、これからどういうことが起こりうるかは想像に難くないものでした。問題が顕在化してから対処するのでは手遅れになってしまいます。そして、何か問題があったときに相談機関等に来てくださいという待ちの姿勢では、支援として成り立たないことは明らかでした。

実際に仮設住宅に入り、その中で支援活動をしていく必要がありました。しかしながら膨大な数の避難者、広域にわたって相当な数が設置された仮設住宅のコミュニティーです。どのように支援を網羅し、行き渡らせるか。その点も支援を始めるにあたっては考えなければならないことでした。

その解決のために必要だったのが、連携・協働の力でした。ちょうどそのころ、体育館等の1次避難所を訪問し、遊びなどの支援をしてきた福島大学人間発達文化学類の大学生・教員のチームと出会いました。避難所から仮設住宅への避難者の移動、そして子どもたちの学校も始まっています。これまで支援をしていた曜日や時間帯では活動が難しくなっており、次のステージへの移行を必要としていました。

ＮＰＯの側としては、仮設住宅での状況をつかみ、支援を始めるならどのあたりから始めればいいのかという手がかりや情報をもっているものの、人手が足りず、広範なエリアで同じ活動をするには限界がありました。人手はあるが、支援のニーズとうまくつながっていない学生グループとの連携は、まさにそれぞれが足りないものを補い合う形となり、一気に支援プロジェクトの立ち上げに向かいました。

仮設住宅の中に「子どもが集える場」をつくる。その中では、安心してのびのびと遊び、学べる時間をつくる。それを地域のＮＰＯや大学生のボランティアが支えるとともに、次第に保護者や仮設住宅の住民を巻き込みながら、子どもを中心とした地域のコミュニティーを再生し、子どもを支える力を回復することが狙いでした。

仮設住宅を訪問する継続的な活動

仮設住宅の中には、その規模に応じて別棟の集会所や談話室が設けられていましたが、できたばかりのころは、建物はあれどその管理体制が整っておらず、避難自治体の職員が都度カギを開けにこないと使用できないという「開かずの間」になっていました。集会所を一定時間優先的に使わせてもらえるように事前に調整し、カギの受け渡しや集会所使用の予約について、仮設住宅の自治会長から了解をとっておくことは大事でした。

避難している子どもたちに、遊びや学びの支援が始まることを知らせる必要もありました。どの世帯に子どもがいるのかがわからなかったので、支援活動実施の2～3日前に、200～300戸からなる仮設住宅団地でチラシを全戸配布していきました。準備を含めたコーディネートをNPOが担い、学生ボランティアを集めることを大学側が担う形で体制が整い、ようやく夏休み明けの9月から、実際に仮設住宅を訪れての支援が始まりました。

最初は、土曜日、日曜日、祝日などの午後に、2～3チームのグループに分かれて、主に県北地域（福島市・二本松市・本宮市）などの仮設住宅を訪問しました。どの仮設住宅でも子どもたちが楽しみに待っていて、大学生のお兄さん・お姉さんと遊んだり、勉強したり、のびのびと子どもらしく過ごせる時間がそこにはありました。

9月から10月の最初の2か月で、子どもがいる仮設住宅を一通りまわり、活動と並行して、どれくらいの子どもがいるのか、どんなニーズがあるのかの把握に努めました。全ての仮設住宅で、同じ規模で活動を続けることは難しいので、11月からは子どもが多く、ニーズの高い仮設住宅に活動を集約し、福島市3か所、二本松市2か所、本宮市1か所の仮設住宅で毎週の継続的な活動をおこなうことになりました。

子どもたちは毎週土曜日が来るのを楽しみにしていました。12月には、大学生側が、仮設住宅の子どもたちを大学に招いて、大規模なクリスマスパーティーを開くなど、子どもたちとの交流支援は深まっていきました。大学生と一緒に仮設住宅を訪問する土曜日の活動は、２０１３年まで約2年間継続しておこないました。

大規模仮設住宅での学習支援と交流の場づくり

土曜日の定期的な活動が軌道に乗りはじめたころ、浪江町教育委員会の先生からある相談が寄せられました。土曜日の活動でも訪問している二本松市の大規模仮設住宅で、平日の放課後、学校から帰った後の時間の子どもたちの見守りや学習のサポートをしてくれないかというものでした。

その仮設住宅は、大規模ということもあり、子どもたちが受け入れてもらっている学校もバラバラで、子ども同士のつながりが希薄でした。親の目の行き届かない放課後の時間での問題行動などが目立ち、土曜日の活動でも子どもたちの行動の乱暴さや言葉の棘が気になっていたところでした。

平日の放課後から夜にかけての支援になるので、授業のある大学生に全面的に協力してもらうことは難しくなります。そこで、民間の助成金を活用して、NPOとして職員を増員し、2つの仮設住宅で、週2日ずつ夕方の17時から20時まで、集会所を使って学習支援を開始しました。最初の1時間半は小学生の時間、後半の1時間半は中学生の時間として過ごせるようにしました。しかしいろいろ問題を抱えていたところです。子どもの居場所を開いても、とくに小学生は大声をあげて走りまわったり、他の子に暴力をふるう子がいたり、ケンカやいじめにつながる言動があったりと、さながら学級崩壊状態で、なかなか落ち着いて学習できる状況にはなりません。

NPOスタッフの週2日程度のかかわりではどうにもならなかったので、支援の日には必ず保護者に集会所へお迎えに来てもらい、短い時間でも子どもの活動の見守りに入ってもらったり、仮設住宅自治会の夜回りの際に集会所に立ち寄って子どもに声をかけてもらったりということをお願いしました。

粘り強いかかわりもあり、春を過ぎたあたりから、子どもたちも少しずつ落ち着きを取り戻していきました。学習の他にも、毎回おやつの時間があったり、少し遊びをする時間があったりと、この放課後の時間が子どもたちにとってとても大事な時間であり場となりました。この平日放課後の支援をおこなう中心は、NPOのコーディネーターでしたが、それに加えて社会人のボランティアも活躍してくれました。県外から時期を決めた滞在型でかかわってくれた元教員の方、17時に仕事が終わってから仮設住宅に直接駆けつけてくれる若手公務員の方、司法修習生として福島でしばらく滞在されていた方など、多種多様な方たちが活動を支えてくれました。

学期の節目には保護者会を開き、保護者の方と意見交換をしました。また地域の子ども会のような組織がなくなっている中で、季節ごとの行事として、夏にはハワイアンズへのバス遠足、冬には住民の方にも参加いただくもちつき大会をおこないました。たこやきパーティーの開催や、年度末の活動のまとめとお楽しみ会のときには、寄付でいただいた食材や即席麺、自家製のチャーシューや煮卵を合わせてみんなでおいしくいただくなど、学習支援以外にも、子どものいない仮設住宅のおじいちゃん、おばあちゃんたちがかかわれるような交流の場も開きました。そのうち、小学生だった子は中学生になり、中学生は高校生となり、未就学児でお兄ちゃんお姉ちゃんのお迎えに一緒についてきていた子が今度は学習支援に参加するようになっていきました。２０１６年度の年度末から２０１８年度にかけて、仮設住宅から復興公営住宅へ移る方も増えていきましたが、活動の場を復興公営住宅に替えて、さらに２０２０年3月までこの活動は続きました。

県中地域・三春町の仮設住宅でも

県中地域においては、２０１１年の12月から、郡山市の富田地域にある若宮前仮設住宅内に設置されたサポート拠点「おだがいさまセンター」を使わせてもらい、川内村や富岡町の子どもたちの支援を始めました。冬休み中の子どもの居場所づくりと、週１回金曜日の放課後活動です。

２０１２年の夏以降は、三春町にある富岡町の仮設住宅でも定期的な学習支援を開始しました。こちらは、県北と比べるとこぢんまりとした活動でしたが、来ている子どもたちはみんな、三春町に移転した富岡町立の小・中学校に通う子どもたちで、知り合いの兄弟姉妹のような関係でした。この子ども集団でも、夏には避難所として使っていた郡山自然の家で宿泊行事をしたり、キャンプや自治会主催の夏祭りにみんなで参加して楽しんだり、仮設住宅が設置された周辺行政区のみなさんに協力いただきながら近隣の田んぼで田植え体験をしたり、ジャガイモを植えて育てたりとユニークな活動を実施しました。こちらも復興公営住宅に移った後もしばらく活動を続け、参加していた子の多くが中学生になり、部活動等で参加が難しくなるということで、２０１７年末までの活動となりました。

子どもたちから話してくれるのを待つ

避難生活をしている仮設住宅の子どもたちとのかかわりの中で、私たちが大事にしていた基本的なスタンスがあります。震災時のこと、家族のことなどを、基本的にこちらからは子どもに根掘り葉掘り聞かないということです。

もちろん、子どもの活動への参加を保護者に認めてもらうために、緊急連絡先や安全管理に必要な最低限の情報は申込時に必要ですが、それ以外のものについては、こちら側から情報を集めることはしませんでした。

それまで子ども家庭支援の実績がある法人としては、アセスメントをして、ジェノグラムやエコマップなども活用しながら、多面的なかかわりを模索することもできなくはないですが、震災のこと、避難のこと、家族のこと、一番重たい部分については、こちらから無理に入り込むのではなく、子どもが話したいときに自分から話してくれたり、助けを求めたりするのを待ちました。そういう姿勢でいるとともに、目の前にいる子どものありのままから必要なかかわりを考えていくスタンスをとりました。

ある中学3年生の女の子が、学習の時間に「(高校進学で)また友達とバラバラに離れなければならないなんて嫌だ」と突然大きな声で叫びました。普段は前向きにいろんなことに取り組んで、リーダー的な役割をかってでてくれることもある彼女が、震災のときのつらい経験と重ねながら、心のうちを話してくれた瞬間でした。

宿泊行事の帰りのバスの中で、小学生の子たちが、「町にあったあれ覚えている？」と避難前の町にあった施設の話をしていました。「なつかしいよね」と。避難時はまだ幼稚園の年齢だったはずです。それでも故郷への思いや愛着、思い出や原体験はしっかりと子どもの中に残っている。会話を聴きながら、そんなことを感じた瞬間もありました。「僕ね、○○に行って、それからどこに行って……」と避難先を15か所も替えたことを克明に覚えていて、それを無邪気に話してくる子もいました。

目の前のありのままの子どもを見つつ、子どものもっているいろいろなものを感じつつ、ときには発したメッセージを受けとめつつ、続けてきた約9年間の支援でした。

現在では、仮設住宅・復興公営住宅に特化した形での支援は終了し、避難地域である双葉郡出身の母親の交流会や家族交流会などをおこなっています。また、復興公営住宅のある地域で、2020年4月から地域の子ども全体を対象とした「放課後児童クラブ」を開始し、その活動に一部を引き継ぎながらの取り組みとなっています。

支援体制を維持するための財源確保

仮設住宅での放課後の見守りや学習支援を続けていくにあたって、一番課題となったのは、子どもたちにとっての居場所を守るために、どうやって持続的な形で運営を続けていくかということでした。県北地域、県中地域合わせて、頻度の差はあれ、6～7地域での支援を同時に進めたので、毎日必ずどこかの仮設住宅に行っているような状況でした。ボランティアの力にも大きく助けられましたが、持続して取り組まなければならない活動の骨格を担うのは、やはりコーディネーター役の職員で、3～4名の人員体制を維持するためには財源の確保をはじめとした努力が必要でした。

最初の3年間は、民間財団からの大型の助成があったので、それを財源に活動を実施しました。4年後以降は、被災者支援にかかわる復興庁の補助制度も整ってきたので、行政の補助制度を使ったり委託を受けたりしながら、事業費の確保と運営をおこなってきました。

しかしながら行政の補助・委託が可能になっても、まだいくつかの制約がありました。補助金の会計が単年度主義のため、4月からの活動が必要であるにもかかわらず、補助の公募、申請、審査、交付決定などの手続きを経ると、事業費用の計上、執行が可能になるのは6月以降で、最初の2か月分の費用は補助を充当することができないというようなこともありました。

また、仮設住宅から復興公営住宅へと支援の場所が転換した時期には、住居以外の環境が大きく変わったわけではないのに、支援メニューの要綱に「仮設住宅での支援」と書かれているために、年度の途中で事業の対象外となり、すでに事業は進んでいるにもかかわらず、事業契約解除となるようなこともありました。

結局、寄付集めや民間助成金を活用しながらハイブリッド形成でなんとか体制を維持していたような状況で、活動を持続させるために、現場の子どもとのかかわり以上に大変なエネルギーを要しました。約10年間の支援活動を振り返るにあたって、今後の災害対応等を考えていくためにも、支援体制をいかに持続させるかという課題の検証が必要になるでしょう。

地域の中に子どもを支える仕組みを

仮設住宅や復興公営住宅での避難者に特化した形での学習支援や居場所づくりは、財源の制約等もあり、2020年3月で活動を終了しました。一方で、他の事業をおこなっているときに、震災の影響が背景のひとつにありそうな相談や支援ケースが耳に届くようになりました。

ビーンズふくしまでは、2012年より県中地域の生活保護世帯を対象に、訪問型で子どもの学習支援をおこなう福島県のモデル事業を実施しました。2016年度からは、県北地域、そして避難町村も含まれる相双地域で、生活困窮者自立支援法にもとづく子どもの学習支援事業に取り組んでいます。その事業の中で、震災の影響を受けた地域からの支援要請がかなり多くなっています。フリースクールに問い合わせがあった不登校の子どもが、避難町村の学校に通う子どもであるケースだったり、通常の地域の子ども支援や子ども家庭支援での個別対応の中で、震災の影響が見える事例が出てきたりしています。

大きくまとまっての居場所づくりやコミュニティー支援の段階から、個別性の高い支援にステージが変わってきたようにも見えます。後者の支援の場合、基本的には個々の家庭を訪問しての支援となります。直接学習面での支援もあれば、学習意欲を高めるために、遊びを取り入れたり、話をしたり、保護者の相談に乗ったりします。

この事業の利用にあたっては、生活困窮者自立支援法の枠組みもあるので、福島県社会福祉協議会や、各学校のスクールソーシャルワーカー等との連携は必須です。予算・人員は限られていますが、それでもニーズは増え続けています。事業の形態は変わっても、地域の中に子どもを支える仕組みを張りめぐらせていく。それは、震災や避難の課題も含めた、全ての困難な状況にある子どもにとって、確かな拠り所と大きな支えになっていくものだと思います。

震災から10年。わかりやすく目に見える形から、元々の課題の中であらわれる形に変容しながらも、やはり困りごとが残っているはずです。そのことを意識しながら、引き続き求められる支援を愚直におこなっていくことが、いまの福島に必要なものだと思います。

ちゅうばち　ひろゆき
特定非営利活動法人ビーンズふくしま事務局長。1999（平成11）年フリースクールビーンズふくしまの設立に参画。子どもの居場所づくりや、保護者・家族の相談、若者の就労支援などの事業を牽引。震災後は、仮設住宅の子ども支援、県子どもの心のケア事業などに取り組む。

第２章

子どもの声を聴き、子どもの力を引き出すために

好きなときに行ける「外」で遊びたい

——子どもの心への放射能の影響と自然体験

辺見妙子
青空保育たけの子

表情のかたいまなちゃん

わたしたち「青空保育たけの子」は、野外保育によって子どもたちの生きる力を育てることを目標に掲げ、２００９年４月に福島市で産声をあげました。しかし、そのわずか2年後の２０１１年３月、原発事故の放射能汚染の影響により、福島市での継続的な活動を断念し、同年10月から活動地を山形県米沢市に移すことになりました。それからはや丸9年。最初は米沢市への避難者家族のお子さんが中心でしたが、やがて送迎バスを走らせて、福島市の帰還者家族のお子さんやコロナ禍で帰還が困難になったお子さんも預かるようになりました。

なかでも、印象深い園児がいます。当時、５歳で入園してきた年長児まなちゃんです。まなちゃんは表情がかたく、あまりしゃべらない子でした。入園前まで母子避難で福島県外にいたまなちゃんは、お母さんが福島市の職場に復帰することになり、年長になる春から福島市の自宅に帰還することになったのです。

「外に『こわいこわい』があるんだよ」

入園して間もない5月に描いてもらったまなちゃんの風景構成法の絵（四角の枠のなかに、大景群の川・山・田・道、中景群の家・木・人、近景群の花・動物・石の順に描く。筆記用具は黒のサインペンがよい。できあがりの絵だけでなく、描く過程も大事な要素。「たけの子」では構成的な絵が描ける年中から年に２回程度おこなっている）には、なにか白っぽい印象がありました。描き終わったら色をつけてもらうのですが、すべてに色をつけずに終わり、これでいいと言います。まなちゃんの家庭は、放射能の防護に関す

まなちゃんの絵（5月）

る夫婦の意見が一致しておらず、母親が不安に思っているから父親が避難を容認してきたといった感じでした。似たような状況は、福島のどの家庭でも多かれ少なかれみられました。一致している家庭は県外避難を選択しましたが、そうでない家庭はどちらかが折れて母子避難するか福島に留まり、折り合いがつかなければ最悪離婚という家庭もありました。実際、たけの子に通っていた家庭でも離婚に至ったところもあります。カウンセリングの担当者にまなちゃんの絵を見てもらったら、「家庭内に意見の違いがあり、〝白〟か〝黒〟かという環境があるからなのではないか」と言っていました。わたしまでなにか息苦しさを感じました。

まなちゃんは、最後に描く石を中央下の方に大きくぐるぐると渦を巻くように描きました。石は障害物や、防護などを表します。わたしは、まなちゃんの心になにか自分でもわからないものが渦巻いているのだろうなと感じました。

あるとき園児を乗せてバスを走らせていると、まなちゃんが他の園児に「福島ではね、外に『こわいこわい』があるから、外で遊んじゃいけないんだよ」と話しているのを耳にしました。まなちゃんのおうちでは、放射能汚染のことを「こわいこわい」と表現して伝えていたのです。足が速く、身体を動かすのが大好きで、草笛を吹いたりするのも得意なまなちゃん。それが、福島にいるときは、なにか自分の思う通りに遊べない、すっきりしない日常を送っていたのです。自己肯定感を育めずにいたのではないかと思います。福島市からの送迎車が米沢市の園に着くと、いつも甲高い歓声をあげて降りてきたまなちゃん。見えない「なにか」から解放されたことを感じていたのでしょう。

まなちゃんの絵の中にはウサギがいます。活動的ではあるけれど、無口なウサギ。それがまなちゃん自身を象徴しているかのようでした。人物として女の子も描かれていますが、それは自分ではないとのことで、「あなたはどこにいるの？」と聞くと、そのウサギの近くを指さしました。

家庭の事情がすべてまなちゃんの絵に現れていたのかどうかはわかりませんが、たけの子の園生活で、自然の中でたっぷり遊ぶにつれて彼女の絵は明らかに変わっていきました。

絵が「いのちの物語」に

半年後の11月、まなちゃんに同じく風景構成法で絵を描いてもらいました。

そこには、いのちの物語がたくさん描かれていました。「川にはね、魚がいて、鳥がそれを食べにくるんだよ」「山には木が生えていて、こわいオニババが住んでいて、子どもを食べようとするの」「おうちは2階があって、まなの部屋は2階にあるんだよ」5月に描いてもらったときにはほとんど話をせずに黙々と描いていたまなちゃんが、たくさんお話ししてくれました。

「この木の上にいるのはだれ？」とわたしが聞くと、「まな！　この女の子はえみちゃん（年少児）。まだ登れなくて泣いてるの」と教えてくれました。動物はあいかわらずウサギですが、石は右側に小さく、しかもハートの形に描かれていました。

このころのまなちゃんは、笑顔も増え、大きな声で話し、身体を使って甘えてきていました。あるときまなちゃんはふと、「前の園ではあまり外で遊ばなかった」と言いました。お母さんにそのことを話したら、「お迎えに行くとき、いつも外で遊んでいたじゃない」と言います。でも、まなちゃんが言う「外」とは「自然の中」のことなのではないでしょうか。そして、同じ「外」でも、いつでも自分の好きなときに行ける「外」と、時間が決まっていて、自由が制限されている「外」は違うのだということを、敏感に感じ取っていたのではないかと思います。

まなちゃんの絵（11月）

いつも正しいことを選択するよう要求され、子どもが本来もっている「いたずら」や「遊び」が受容されづらい環境にいたまなちゃんの生きづらさが、たけの子で思いっきり遊ぶことで変わったのではないかと思います。

毎年秋には「たけの子祭り」と称して運動会を開催しているのですが、園児一人ひとりが、保育者の肩の上に立って前転で降りる「のをこえやまをこえ」という競技を披露します。なにか得意なこと、見てもらいたいことを卒園児が発表する卒園式で、まなちゃんは、そのときの肩に立って前転で降りることを選び、みごとに発表してのけました。たけの子のモットーは「自分で考え、自分で話し、自分で行動できる」ことです。まなちゃんは1年間でそういう子どもに育ってくれました。

まなちゃんが卒園して、もう3年になりますが、いまも休みのときなどは遊びに来てくれることは保育者としてなによりうれしいことです。

へんみ　たえこ
特定非営利活動法人青空保育たけの子代表理事。保育士、幼稚園教諭。震災後、活動拠点を山形県米沢市に移し、野外保育を継続。現在同地で社会課題解決の一助として冒険遊び場、民泊、カフェを運営している。

子どもを侮るなかれ
——障がいのある子どもたちの震災後を振り返る

河野由美子
地域生活支援ネットOne○One

一変した子どもたちの生活

「わんわんクラブ」は、障がいのある子どもたちの保護者が中心となり、約15年前に立ち上げた障がい児の放課後と余暇を支援するNPO法人です。同時に学童クラブも運営しており、活動の拠点である通称「わんわんハウス」は、震災当時、市内の特別支援学校に通う子どもたちと、学区の小学校に通う子どもたちがともに過ごす居場所でした。

東日本大震災が起きた3月11日。その日の活動は、わんわんハウスと近くの商業施設に分かれ、障がいのある子どもたちはお買い物体験をおこなっていました。

午後2時46分に大きな揺れが襲い、築40年のわんわんハウスでは、絵本の部屋にいた子どもたちが数人で固まって揺れが収まるのを待ちました。施設の4階は天井の一部が崩れ、停電で部屋が真っ暗になり、エレベーターも動かなくなりました。その後歩いて階段を降りましたが、車椅子の子どもたちは施設のスタッフにおぶってもらってようやく1階に辿り着くことができました。幸い、古い家屋ながら倒壊や危険を感じる破損もなく、子どもたちの無事を確認することができました。その後、なかなか連絡が取れないご家庭には指導員と手分けをして送り届け、お迎えに来た親御さんに全員をお返しできたときの安堵感は忘れることができません。

しかし福島はその後、放射能という見えない敵の対応に追われ、それまでの日常は一変し、子どもたちの生活も大きく変わりました。活動場所は制限され、外遊びの再開にも時間がかかりました。校庭や公園のブランコは巻き上げられ、しばらくの間遊ぶことはできませんでした。震災後、ブランコのこぎ方がわからず、「先生、後ろから押して」という声を何度か聞くことがありました。震災当時は保育園児であった子どもたちが、必要な時期に必要な体験ができなかったことは、時間が経過しても影響が出るのだと指導員と驚きとともに話をした記憶があります。

そのような経験をした子どもたちも、今はほとんどが高校生や大学生、社会人となりました。障がいのある子どもたちは、障がい者施設に通うなどの日々を送っています。震災後、子どもたちとあのときのことを振り返る機会はありませんでした。ここであらためて、活動のさまざまな場面で影響を受けた1年間を、指導員の記録をもとに振り返りたいと思います。

指導員の記録から

○2011年3月28日
まだ本格的な再開はできていないが、家の中だけで過ごすことが難しい障がいのあるお子さんの受け入れを始める。今日は2名の利用があり、久しぶりのわんわんクラブにテンションも上がり、自分の好きな遊びをして過ごす。

○2011年6月　初夏
例年なら、わんわんハウスも、自転車乗りや泥だんご作りと庭遊びを楽しむ子どもたちの声が響きわたるが、放射線の影響は大きく、室内遊びが中心となっているのが残念。それでも子どもたちはソファーを倒して隠れ家のような基地を作ったり、狭いながらもサッカーゲームを楽しんだりと元気に遊んでいる。

○２０１１年８月　夏

部分的に放射線量が高い中庭の表層土除去を待つ間、毎年中庭に設置しておこなうプール活動は中止。暑い時間帯を避けるため、活動時間に制限を設ける。それでも市内の施設などを利用しながら、鬼ごっこや玩具遊びと、子どもたちは室内で汗だくになって全力で遊んでいる。

○２０１１年９月　秋

夏休みに敷地の表層土除去と建物、ブロック塀の洗浄作業が終わり、恒例の流しそうめんなど、中庭での活動が少しずつ始まる。障がいのある子どもたちも、交通機関を利用した社会体験活動や機能訓練を再開。放射線の影響や余震など、ストレスの心配は尽きないが、子どもたちは思ったよりもずっと成長しているようだ。

○２０１１年12月　冬

活動制限はだいぶ緩和され、ホットスポットと呼ばれる部分的に放射線量が高い個所を避けながら、通常の活動ができるようになってきた。しかし、元気な表情だけではわからないこともある。自分の気持ちや体調の変化、不安や恐れを上手く伝えることができない障がいのある子どもたちについては、保護者と連絡を取りながら普段の行動の変化に気を配っていきたい。

○2012年8月　翌年の夏

プール再開。ようやくいつもの夏が戻ってきた。放射線を遮蔽するシートを庭に敷き、いつもより小さいプールを設置した。それでも子どもたちは大喜びだ。

子どもの力を信じ、一緒に考え、取り組む

震災から間もなく10年。コロナ禍の今、想定外の災害と向き合うことを共通点として検証するならば、当時、安全の基準が曖昧ななかで、おとなたちは子どもを守るために自分たちの信じる安全対策に必死に取り組みました。避難もそのひとつです。しかし一方、おとなが思うほど子どもたちは弱いばかりではなく、適応する力もあり、制限のある環境を受け入れながらちゃんと成長してきたことも事実です。

「子どもを侮るなかれ。子どもの強さを信じろ」と思います。環境の変化が苦手であったり、健康面などに不安があったりする場合は専門的な対応や配慮が不可欠ですが、一方的に守るだけではなく、子どもの力を信じ、一緒に考え、取り組んでいくことも大事なこと

です。

記録を読み返しながら、あの状況下でも天真爛漫な子どもらしさは消えていなかったことを思い出しています。乗り越える力を持ったおとなに成長していることを信じたいと思います。

こうの　ゆみこ
特定非営利活動法人地域生活支援ネットＯｎｅＯｎｅ理事長。障がいのある息子の母。障がい者福祉の向上にも取り組んでいる。

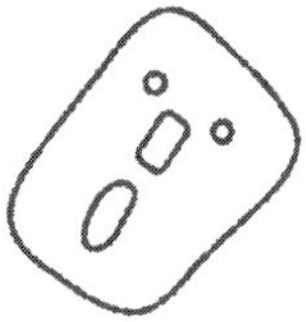

「こうあるべき」ではなく、どう生きていきたいのかが問えるように

鈴木　文
里親支援専門相談員

目に見えない放射線とのたたかい

あの日から10年。あの日に児童養護施設「福島愛育園」にいた子どもの人数も少なくなりました。現在園で働いている職員で、10年前からいる職員は3分の1、当時は小学生だった職員もいます。時の流れの速さを実感しつつ、振り返れば、困難を乗り越えながら現時点で皆が健康で生きていることにほっとするばかりです。

福島愛育園は、本園と地域小規模児童養護施設とを合わせて90名を超える子どもを抱えていました。地震の被害は大きくなかったものの、断水が続き、福島第一原発事故によりさらに生活の困難が強いられました。福島第一原発から60キロ圏外ではありましたが、当

時の気象状況により、県内でも一番放射線量が高い場所となり、施設の構造上、避難ではなく屋内退避とした生活が始まりました。目に見えない放射線とのたたかいでした。いかに外に出ないか、子どものストレスをためないか、食事や燃料はどうするかなど考えることはたくさんあり、職員自身が一番混乱していたように思います。

私たち職員も子どもたちも、体験したことのない、先の見えない大きな不安と恐怖があったことを思い出します。そのようななか、高校生の男子が水や食事の配給を手伝ってくれたり、小学生が「お兄さん、お姉さん（職員をお兄さん、お姉さんと呼びます）ありがとう。ぼくたちもがんばる」と寄せ書きを書いてくれたり、子どもたちの言葉や行動にどれだけ励まされたか。市からいただいた炊き出しのおにぎりを「おいしいね」と笑顔で食べていると、中高生の男子が「俺の分も食べていいよ」と小学生に分けてくれる姿、「お姉さんはご飯食べてるの」と心配してくれる子どもの姿もありました。

手をさしのべる勇気と気持ちを育てたい

原発事故で避難が必要となった家族から「これから避難する、子どもたちを頼むね。必ず連絡する。バスが来た」と電話があり、その後すぐ切れたことがありました。園は避難地域から離れていたものの、現に起きていることの大きさに震えました。数週間後にやっと避難先から電話があり、自分のことで精いっぱいでありながら、離れて暮らす子どもを心配する親心に安心もしました。なかには、園からのお便りや同封した写真だけは持って避難したと話してくれる保護者もいました。

何とか新学期は迎えたものの、放射線量の数値は高く、連日その危険性が報道で流れていました。報道を見た当時小学2年生の男子が、「ねえ、お姉さん、ぼくたち、被ばく?」と私に質問しました。「大丈夫、大丈夫」と根拠のない「大丈夫」しか言えず、ただただ涙をこらえるのが精いっぱいだった私。この子も今年度の4月に就職し、元気に頑張っています。

自分たちの健康、風評被害、差別などのことを子ども自身に考えさせる機会は意識していました。地域だけでなく、県内、近県、日本全国、ときに外国から、物だけでなく温かい心の支援もたくさんいただきました。砂遊びもできず、外で遊ぶこともできず、マスクの生活。夏休みに、ご厚意で県外に宿泊する機会には、マスクなしで思い切り外で遊ぶ子どもの「楽しい」という大きな声と笑顔がありました。私は、子どもたちに、こうした支援があることに感謝しながらも、これが当たり前ではないこと、いつか自分たちも必要なときに手をさしのべる勇気と気持ちを持って生きてほしいことをその都度話をしてきたように思い返します。

おとな社会の混乱が児童虐待という状況に表れる

震災後「絆」という言葉にふれることが多くありました。家族や地域のつながりが注目されても児童虐待が減ることはなく、「家族とは何だろうか」と胸が痛い気持ちもありました。しかし、家族や子どもを取り巻く環境が大きく変化して、家族自身も精いっぱい、おとな社会の混乱が児童虐待という状況に表れていると思うと、家族にもさまざまな支援が必要です。おとなが大変さを訴えられる場所が必要で、そこには課題もあるように思います。

震災を経験し、私たちがやってきたことは家族と子どもをつなぐことでした。そしてつながり続けること、かけがえのない家族であることの大切さを家族と子どもと考えてきたように思います。ひとりぼっちじゃない、そのことが実感できる関係性を大切にしてきました。だからこそ、家庭復帰や家族で暮らすことを支援し続けてきたのです。極限状態となり、それぞれの抱える課題が明確になったのが震災ではないでしょうか。当時の子どもたちも親になり、それぞれの生活を送っています。少なからず生きることについて、彼らなりに何かを受けとめてくれていると信じたいと思います。

子どもの強さと優しさを信じて

あの日、生かされた命がさらに新しい命を生み育てています。一人ひとりが自分の人生を幸せに生きていくために、子どももおとな（家族）もどう生きていくのか、どう生きていきたいのかを問われていると私は感じます。一人ひとりに焦点が当たるようにするには、子どもの権利擁護とともに、おとな（家族）の人として生きる権利にどう目を向けていくのかが求められます。震災を乗り越える……これはまだまだ続くこと。ゴールは人それぞれなのかもしれません。

大変ななかにも、小さな喜びや嬉しさがあり、そのなかにはいつも子どもの元気な姿がありました。あのとき、一緒に過ごしたことが今の生活につながっています。

あれから10年。子どもたちは福島で、元気に生活しています。子どもの生きる力、子どもの強さそして優しさを信じて、子どもたちの生活を支えていきたいと思います。

すずき　あや
児童養護施設「福島愛育園」里親支援専門相談員。社会福祉士。震災当時は同園の家庭支援専門相談員。「あらためてこの10年の月日を振り返る機会になりました」

「いや」を伝える力、「やりたい」を見つける力、納得し自分で決める力

加賀八重子
元小学校教諭

自分の思いが大切にされるなかで：大さん

私は教員を退職し、教職員や保護者の相談の仕事で時々学校を訪問しています。

原発事故当時４歳だった大さんは、母子で他県の体育館やアパートでの避難生活後、小学２年生で地元に戻ってきました。１年生では叱られることが多かった様子です。登校後の着替えや学習の準備ができない、授業中に教室から出ていく、話が止まらないなどの行動が目立つけれど人懐こく優しい子どもです。集中を持続することやじっとしていることは苦手だけれど体を動かすことは得意なので、手伝いをお願いしたり、教室から出たいときは声をかけるように伝えたりしました。担任だけでなく校内の教職員が協力し、彼の「い

や」を認め、一緒に行動したり話を聞いたりしながら、彼の好きなことを探す努力をしました。スクールカウンセラーと毎週話したり遊んだりする時間も作りました。

お母さんは、「そういえばこれまでじっくり話を聞いたり遊んだりすることがなかった。本人からの訴えも少なかったように思う。最近になって『宿題やらない、お母さんと公園に行く』など、いやだとかやりたいとかを強く言ったり、自分の思いをずっと話し続けたりするようになった。自分の子だけ特別扱いで大丈夫かと不安だったが、やり残した課題に家庭でも取り組んでいかなくてはいけないと思えるようになった」と話されました。彼は、得手不得手がありながらも家庭でも学校でも自分の思いを大事にされ、話をいっぱい聞いてもらいながら、小学校卒業の頃には友達やおとなの励ましのなかで少し苦手なことにもチャレンジできる子どもになっていきました。

「いや」の気持ちを表現する力をえて：悠さん

悠さんは幼稚園年中から県外に避難し6年生で戻ってきました。母親の「宿題やりなさい」の声かけに対して物を投げる、注目をしてほしい様子で窓から裸足で出る、窓に砂利を投げる、車に泥を塗る、ときにはたたくなどの行動が出てきました。中学校進学で学習内容の理解も難しくなり定期考査などがつらく、好きだった球技もあまりうまくないことに気づいたりして、次第に友達や学校から離れて家に閉じこもることが多くなり、昼夜逆転でゲームに熱中し、そのことを注意されると暴れるようになっていました。同居するようになった家族の強い態度での対応に彼の行動が改善されることはなく、父母は周りの人たちに相談しながら彼へのかかわり方について考えていくようになりました。

乳幼児期にさかのぼれば、10か月、１歳半、３歳児のそれぞれの健診で人へのかかわりや言葉の遅れの心配が指摘されていたものの、震災と原発事故で継続的な相談が途切れてしまったという経過がありました。人見知りや母親への後追い、年の近い妹が生まれた折の赤ちゃん返りのような表現がなく、「いや」とか「やって」と泣いたり怒ったりすることもなく、おとなしくて言葉での表現も少ない乳幼児期、児童期だったようです。６年生のこのとき、ようやく自分の「いや」な気持ちを表現する力が出てきたととらえられるのではと思います。

リビングでゲームをしたりソファーに寝たりして自分の存在を家族に見てほしいとアピールしている様子に、家族は悩みながらも無理にゲームを取り上げたりせず、本人の気持ちの動きを促しながら「どうするかは自分で決めていいよ」と料理作りや車での遠出の買い物に誘ったり、テレビで天気予報を見せてねとお願いしたりしています。アニメの絵をとても細かく上手に描けることや歴史ものが好きなことにも気づき、学校に行かなくても好きなことに取り組めているのはよいこととらえようとしています。

家庭の愛情たっぷりの決してあきらめない気長な取り組みと学校との連携で、1年を経過した頃、周りの働きかけによって自分で決めて放課後の学校に時々行けるようになりました。その後、地域の子ども支援のための教室で個別に勉強を教えてもらったり、汗をかくほど運動したりするようにもなりました。昼間の学校に短時間だけ顔を出すこともあります。同じように登校がつらくなっていた友達との出会いにも背中を押されました。安心できるおとなや友達との関係のなかで高校進学への希望を語り始め、勉強ができるようになりたいといろいろ葛藤しながら自分のペースで取り組んでいます。運動しながら大きな声を出し、ときにははにかむような笑顔も見られるようになってきました。

「いや」は次への発達要求

避難生活や継続する不自由な生活のなかでやり残してしまった発達の課題がたくさんある上に、それに十分に取り組めない状況によって困難が増している子どもたちが多くいます。親子の安心した関係への不安や経験不足も大きいです。発達に弱さを抱えている子どもたちは、この環境にとくに影響を受けやすいように思います。子どもの発達、障がい、生活（育ちの歴史を踏まえて）の実態を丁寧に聞いたり見たりし、表面にあらわれている子どもの行動の内面にある思い、願い、新しい発達の芽吹きに気づき、「好きや得意」を見つけながら、大切にゆっくり育つ助けをすることがおとなの役割だと思います。「いや」を表現する姿を次への発達の要求と受けとめ、好きなことややりたいことを伝える力、自分で納得して決める力に育てていけたらと思います。子どもや保護者を将来にわたって切れ目なく支援できる人や機関のつながりをつくることは、地域の大きな課題です。

かが　やえこ
元南相馬市小学校教諭。全国障害者問題研究会会員。

福島のことを、福島の子どもたちに聞くことから

――震災と原発事故をどう学び合ったのか

伊藤 弥
元小学校教諭

震災と原発を真っ正面から取り上げる学びを

裁量権があること。何をどう教えるか、手作りの授業にこそ教師のしごとのおもしろさとやりがいがある――2020年3月で三十数年の教師生活を終え、教師のしごとの肯定面をそう感じてきました。

けれど震災から2年ほどは、まったく立ち尽くしているという状態で、震災・原発の問題を取り上げて授業にすることはできずにいました。

震災当時、私は福島県の中通りの農村部に住み、近くの小学校に勤務していました。5年生の担任でした。震災からまもなくは、まさに混乱期とでもいうべきものでした。原発

から80キロ離れた地域でも、「福島で今いる場所は安全か、安全でないのか」「避難すべきか、しないでこのまま生活するか」「日常的にどのようなことに気をつけて生活すべきなのか」など、混乱と対立と手探りが日常でした。校庭や野外での活動は原則禁止、夏でも長袖のシャツを着て運動、教室の窓を閉めたままでの授業、そういう学校生活が続いていました。一番残念だったのは、放射線の影響で地域の川原や里山に入ることができず、自然に触れて遊ぶという子どもならではの原体験ができなくなってしまったことです。それは今も続いています。

私がイメージする手作りの授業とは、子どもたちが直面している、または見えている課題をクローズアップし、それに関する多様な資料を提示する、それにもとづいて子ども同士が話し合い、その中で自分の意見や態度を形づくることを支援するといったものですが、踏み出せませんでした。

２０１３年に転勤し、その勤務校でまた5年生を担任し、ようやく福島の子と「震災・原発」のことを考え合う実践を進めました。主に以下の３つの内容のものとなりました。

①　地域の復興にかかわっている人からの聞き取り
②　授業書（6時間版）での学び合い

テーマ1：　3・11、あの日私たちは何を経験したのか
テーマ2：なぜ原発事故が起きたのか、どうして福島に原発があったのか
テーマ3：放射線とは何か、私たちの身体への影響は？
テーマ4：原発はなくすべきか、続けてもよいのか
テーマ5：福島の再生　避難した人のこれから、風評被害
テーマ6：福島の再生　福島から何が発信できるか

③　学校文化祭で学んだことを地域の人、保護者に発信する

秋の文化祭では、この授業で学んだことを地域・保護者のみなさんの前で発表しました。子どもたちの発表に大きな拍手があり、感動したという保護者の感想を学級通信で読み合うことができました。

しかし、子どもたちは支援を受け、がんばるおとなの姿を見るなかで、「いい子」としての発言が多くなり、本当に深いところで語っていないかもしれないとも感じていました。

マンガ「美味しんぼ」をめぐって

2014年5月の出来事です。マンガ「美味しんぼ」の作者による、福島の現状は相当

厳しいのにわざと問題がないようにされている、自分が出会った浜通りの人たちから聞いた話では放射線の影響で日常的に子どもが鼻血を出していることもあるという趣旨の発言がマスコミで大々的に取り上げられ、県知事が遺憾の意を表明し、地元紙などが作者に撤回をせまる騒ぎになりました。そのとき、子どもたちから「おれ、もう『美味しんぼ』のマンガ読まね！」「先生、この人たちは本当に福島を見ているんですかね？」という声が上がりました。

子どもたちが学級朝の会でつぶやき、話題にしたので、ぜひ授業として取り上げたいと考えました。そして以下のような課題を設定して学び合いました。

①　福島の人の不信や不安はどのようなところからくるのか
②　みんなは実際のところ、今の福島をどう見ているのか
③　みんなは、今の福島から他県の人に何を発信すべきなのか

私は、この授業で、福島には否定的な部分はいっぱいあるが、自分たちの考えるいいところもいっぱいあることを知らせていけばいいんじゃないかと思いました。

「当然の権利行使をしたと思います」

この子たちが卒業する直前の道徳の授業では、自主避難する子が多かった郡山市の母親たちが経済産業省前で座り込みをし、放射線の安全規準値を下げさせたニュースを取り上げました。市民の声と行動によって、福島では校庭の除染が進み、全戸で除染をおこなう契機となりました。

母親たちの行動についての議論では、「経産省の前の座り込みはやりすぎ」という意見は少数で、高すぎる放射線の規準に抗議することは「正しい権利の行使だ」という意見が多く出ました。「必死こいた母親たちの行動こそが国を動かした」「座り込んで訴えた人は、当然の権利行使をしたと思います」と発言する子もいました。

2017年1月から3月にかけて、福島から避難している子どもたちへのいじめの事実が報道で取り上げられました。そこで、いじめと震災をテーマにした授業を、6年生で実施しました。

しかしながら、「震災のこと、私たちが覚えているわけないじゃないですか」という声もありました。震災の記憶のない子どもたちと震災の学びをどうつくっていくか、難しい課題が浮かび上がってきています。これは今後とも私たちが向き合うことだと思います。

震災・原発をテーマにした授業づくりをおこなってきて、子どもたちのどんな力を高めることができたのか。そのことはまだわかりません。でも「いろいろな問題をみんなで話し合い、意見を言い合う先生の授業が好きでした」と言ってもらった授業が子どもたちの原体験となり、その原体験が子どもたちの力となっていくことを願っています。

いとう　わたる
元小学校教諭。退職後は半農半学のセカンドライフ。「復興支援でお世話になった方々に何ができるかを考え、活動していきたい」

主権者として、風化させないために

——共生・人の多様性から考える減災教育

鈴木裕子
福島商業高等学校教諭

授業の中でできることは何か

「メディアの情報は人々を苦しめる」「経済なんかよりもいのちが大切」——震災直後、県立学校は県の施設ということもあり、大勢の避難者の方々を教室や体育館に受け入れました。浜通り（津波被害を受けた原発のある太平洋沿岸部）から最短距離で内陸部に通じる国道が集まる地域にあった高校では、教職員も県職員といっしょに交代で避難所運営にあたりました。ほとんど荷物を持たず身ひとつで自家用車に乗ってきた家族も多く、ガソリンの補給もままなりませんでした。ガソリンが尽きると動けなくなるので、家族と何キロも車を手で押して避難所を訪れ、疲れ切った子どもたちの姿は今も目に焼き付いています。

どうしてこんな目に遭わないといけないのか。冒頭の言葉は当時の高校生たちの声です。「絆」という言葉が、マスコミやタレント、識者から降り注いでいましたが、しっくりこない。しかし、憤りの言葉そのままでは、知の創造や復興にはつながらないのではないだろうか。一教師として、授業の中でできることは何か。生徒たちと過ごした自分の経験や学びを通じて、このことを考えてきました。そして授業やホームルーム、部活動、ＪＲＣ同好会、家庭クラブ、生徒会活動など、その時々に私のできる場でできることに取り組んできました。

グループで避難所設計に取り組む

震災から６年後、「家庭基礎」や「家庭総合」の授業のテーマは、「誰もが豊かで、幸せ、ハッピーな社会をつくる、高校生はともに社会をつくる仲間」でした。次のようなキーワードを思い浮かべながら授業の組み立てをおこないました。

持続可能性　包摂性　公正　多様性　居場所づくり　生きる希望と勇気
貧困は略奪された状態（構造、考え方、行動）　自立と共生
想像力　批判的思考　衣食足りて礼節を知る　違うことが豊かさをうむ

平和なくして平等なし、平等なくして平和なし　子どもの意見表明権
対話（自己との対話と他者との対話）　公正な議論　連携
参加（当事者抜きで進めない）　当事者の声を聞く　子ども参加　自己決定権

授業のひとつに、『避難所を考える〜共生・人の多様性の視点からの減災教育〜』があります。これは、大学・高校教員で組織された「ライフデザインイノベーション研究会（https://ldi.tank.jp/study/）」で作成した教育プログラムです（「まちと暮らし研究№25」地域生活研究所２０１７年6月に詳細）。

共生・人の多様性の視点から減災について考えようと、避難所の設計を教材として取り上げました。最初に、自分の住んでいるところは安全とはいえないこと、災害はどこでもいつでも起こり予測はできないこと、避難所で命を落とすことや関連死があることなどについて学び、次に避難所の運営について考えます。大規模災害時には、自治体職員がすぐ避難所へ駆けつけられないこと、生徒自身が運営に携わる可能性があることを想定して、ユニバーサルデザインの視点から、グループで避難所設計に取り組みました。実際に自分の学校が避難所になったと仮定し、これまで学んだ多様性やユニバーサルデザインなどの事項をもとに予測して考えるようにしました。自分や自分の家族を含めて避難所生活には

どのような人々が避難してくるのか、また、どのような配慮が必要なのかの支援策を具体的に考え、多様な人々のことを想像しました。その後、グループごとに発表し意見交流をおこない、何が正解なのかを悩みながら話し合いました。ここでは正解を見つけることではなく、悩む、考える、話し合うことを重視しました。

地域にどんな人たちが住んでいるのかを知る

「震災を経験したけれど自分の中で風化しつつある。でも、減災学習を通して避難所の生活、自分の家に帰れないストレスをなくすには、どのような環境にすればいいのか深く考えることができた」

「避難してきたみんなをストーブのある個室に入れてあげたいが、誰を優先させて配慮するのかといった話し合いの場をつくる力をつけないといけないと思った」

「外国人で日本語も英語もわからないとストレスが大きく、何もわからないなかで一人でいたらつらいなと思い、どのような配慮が必要か、かなり悩んだ」

「ＬＧＢＴの人たちへの配慮について、最も話し合いに時間がかかった。着替えやトイレについても配慮したつもりがかえって差別することになったりと、ひとつ解決してもすぐ課題が出てくる。しかし、グループで話し合うとさまざまなアイディアが出てきた」

「災害時だけでなく日常生活でも周りを見て行動し、困っている人には手をさしのべたい」

これらは生徒たちが話し合った声の一部です。災害に遭遇してから考えるのではなく、事前に多様な状況を予測しておくことで、必要な行動ができる可能性は高まると思います。やや客観的なものの見方になりますが、予測の難しい災害に対し、防災の視点だけでなく、減災の視点も大切になるのではないでしょうか。

同時に、それまで「見えていなかったが、確かにそこにあった地域の課題」もあぶり出されます。災害時に最も厳しい状況に立たされるのは、平常時にも厳しい生活を送らざるをえない人々です。減災教育の授業を通して、また日頃の授業を通して、自分の住んでいる地域にどのような人々が住んでいるのかを知ることができます。厳しい生活を送らざるをえない人々に目を向け、そこにある問題点や課題を見つけ、解決にむけて高校生と地域、行政がともに行動できるような力を育てたいと思います。

すずき　ひろこ
福島県立福島商業高等学校教諭。専門は家庭科教育。共著に『UD授業から減災授業へ―共生社会をめざす実践研究』(冨田道子編、一藝社、2020年)。

なりたい自分をあきらめない力
——子どもの声を聴く大切さ

大久保尚也
スクールソーシャルワーカー

話を「聴く」ことに注力

なりたい自分をあきらめない——この言葉は、私自身への想いでもあります。震災やコロナウイルスなどの〝大きな渦〟によって、社会全体が洗濯機のようにかき回された後には、それぞれがどう落ち着くのか、つまり、一人ひとりがどうなりたいか、どう生きていくのかが問われやすくなってくるのではないかと思います。

震災後の２０１１年４月から３年間、私はある中学校に勤めました。そこでは、ある子どもとのつながりのなかで、子ども自身が変わっていく力を深く感じ、教わる日々でした。あるとき、表情が暗く、いらいらした様子でいることが多かったその子が、いつになく明るい表情で、「親の状態が良くなってきた。これで親の心配をしなくてすむ」と言いました。誤解のないように書きますが、この子の保護者は、間違いなくこの子どものことを気にかけ、心配し、精一杯の力を注いでいました。サポート体制が組まれるなかで、保護者の力が抜け、何か、その子が気にしていたところにうまくマッチしたのかもしれません。

その後、友人や勉強に目が向き始め、おそらくもともと興味があってかかわりたかったもの、気になっていたものに力を注ぐことができるようになり、周囲もできる限り協力して体制を整えていきました。私は、その子の話を「聴く」ことに注力し、先生方との橋渡しを意識しました。

その学校は、揺れや津波等の直接の被害が大きい学校ではありませんでしたが、先の見えなさのなかで「余震」や「内部被ばくの不安」、「食材の不安」などの震災の追い打ちを受けました。失敗もたくさんありましたが、それでも自分でなりたい姿を〝選ぶ〟子どもの様子に、希望を感じました。

「あなたはどう思っている?」という問いかけ

子どもを中心に家庭・学校・地域が力を合わせることが、その子が〝なりたい自分をあきらめない〟ことにつながったのかもしれないと感じるとき、今でも言いようもなくうれしいような、ほっとするような気持ちになります。

あるとき、精神疾患をもつ家族と住み、学校にほぼ登校できずにひきこもっていた中学生にかかわるようになりました。動物をたくさん飼っており、昼夜逆転状態が続いていました。その子自身にもいわゆる〝診断名〟がついていました。

家族全体に、地域の人、教育、医療、福祉など多種多様な人たちがかかわるなかで、私の耳に届く話は、「家庭内や近所とのトラブル」や「その子の保護を」など、家族の状況や周囲の意向ばかりでした。しかし、本人が何を感じ、どうしたいのかは、ほとんどわかっていなかったように思い出します。

私は、本人と話をする機会を意図的にチームで増やしていきました。好きな音楽やアイドル、映画や猫の話、将来免許を取りたい話……。そのなかで、不安や悩みも出てくるようになりました。そのときは、「あなたはどう思っている？」「どうしていきたい？」と、本人に問いかけました。

一緒に笑ったり、悩んだり、解決策を考えたり、を繰り返すうちに、興味が外に向き、移動や宿泊の方法、注意することなどを自分で調べたり、家族や支援者等のおとなに尋ねたりすることができるようになりました。

また、私たちが訪問すると、部屋を片付けて迎えてくれたり、近所の人が気にかけてくれることに感謝の気持ちを口にしたりするようにもなりました。将来についても、保健師や動物関係の仕事など、あこがれや興味関心からイメージがわき、少しずつ勉強にも興味をもつようになりました。

もしかすると、それまで本人に映る景色は、家族の大変さや、登校できない状態を心配し、バタバタしているおとなたちの余裕のなさだったのかもしれません。じっくり〝あなた〟と問いかけられる経験をするなかで、ようやく〝自分の声〟を意識し、周囲のおとなを信じ、「自分のことを話していいんだ」「助けを求めていいんだ」と感じたのかもしれないと思います。あらためて、その子自身がもつ〝なりたい自分をあきらめない力〟を感じたケースです。

子どもの〝声〟はあったのか

新型コロナウイルス感染拡大のなか、家庭、学校、地域で、子どもの〝声〟を聴いているのは誰なのでしょうか。

私の家の近くの公園に、いつの間にか「ボール遊び禁止」の看板が立っていました。その良し悪しや誰の声でそうなったかを問うつもりはありませんが、禁止になるプロセスにおいて子どもたちの〝声〟はあったのかと思います。

社会変化のスピードが速い今、その都度考えていくのは正直しんどいかもしれません。それでも、素直に子どもたちの声を聴き、さまざまなつながりのなかで、自分の興味関心や気持ちに従って悩み、迷って変わり続けることをお互いに見守り、支えあっていくことを大切にしていきたいと思います。

おおくぼ　なおや
本宮市教育委員会スクールソーシャルワーカー。

子ども自身がもつ可能性を引き出す

——教育職と福祉職の接点で

井戸川あけみ
元養護教諭・スクールソーシャルワーカー

保健室からの羽ばたき

私は、子どもの支援者として「教育」と「福祉」の双方の立場を経験してきました。子どもの最善の利益を保障する支援を振り返ってみたとき、そのかかわりの中で一貫して見えてきたことは、生活の質を高める環境改善を図り、人と人との関係性をつくっていくことでした。そうすることで子どもの中にさまざまな気づきや学びが生まれ、そこから今を生きていこうとする姿を見ることができたのです。

「絶対に許せない相手がいるから教室には行かない」その言葉どおり卒業まで一度も教室復帰することなく保健室登校を続けたＡくんがいました。２０１１年3月11日、Ａくんは午後、校長室で卒業証書を受け取り、卒業を迎えました。その後地震による津波が発生し、夕方、学校が避難所となったとき、保健室に真っ先に駆けつけ、「先生大丈夫か。何か手伝うことあるか」と、Ａくんは今まで交流のなかったクラスの友達を連れてきてくれたのです。

Ａくんとのかかわりは、不登校が続きようやく登校した日に身体の不調を訴えて保健室に来室したことから始まりました。教室復帰を拒むＡくんは「保健室ならいい」と学校での居場所を自身で決定したのです。Ａくんの意思を受け入れることにしました。保健室でのＡくんとのかかわり方を関係者と話し合い、養護教諭としての支援方法を関係者と共有することがＡくんを支えることにつながると思ったのです。

Ａくんとは、「自分の意思を伝えること」や「1日のスケジュールは自分で決めて実行すること」などを話し合いました。また、養護教諭が他者への代弁者となることを伝えました。Ａくんに対しては、言動を否定せずに受けとめ、こちらから何かをするのではなく、Ａくん自身がのぞむ他者とのかかわりや自立していく力を支え、見守ることにしました。時間の経過とともにＡくん自身が何かに「気づき」はじめている所作が見え、そして徐々に他者とのかかわりに変化が訪れ、自分の考えも話すようになっていきました。

震災時避難所になった学校、保健室に駆けつけたＡくんからは、これまで培った力が行動となって表れたように感じられました。

保健室は、しばしば生徒の逃げ場や避難先となることもあり、本来の機能を理解してもらえず、甘やかしている場所ともとらえられることがあります。保健室は、子どもにとって安心・安全の場であると同時に、ヘルスプロモーションの視点をもち、健康増進や救急処置をおこなうだけではない「教育現場」です。さらに生涯にわたる健康生活を営むための学習や人間形成の一助となる機能も有しています。子どもを理解するための情報発信は必要であり、子どもの行動を理解しつつ実態や変化を伝えること、課題を提示し手立てをともに考え実践していくことなどを、保健室経営の中に明確に示しておくことが必要だと思っています。

子どもの「声」を聞き、伝える

養護教諭の立場で震災に遭遇し、被災地に残った子どもたちが「私たちは見捨てられた」と訴える姿を目の前にして、自分に何ができるのだろうかと不安になりました。震災がこれまでの日常の全てを奪い、子どもたちを取り巻く環境は劣悪な状況でした。子どもたちから、「この厳しい現実をどう生きていかなければならないか」という問いを突きつけられたようで、教育者としてそれに応えていかなければならないと強く感じたのです。これまでの日常を取り戻すための環境の整備と安心安全な居場所づくりは、絶対におこなわなければならないことでした。不安定な生活状況のなかで、人とのかかわりも希薄になり、心も体も疲弊しきった状態からの立て直しも教育に求められてきていました。しかし震災によって教育環境だけではなく、子どもをめぐる生活環境は大きく変化してしまっており、教育職として子どもの生活の中にまで入っていくことには限界があるとも感じていました。その突破口を模索していたとき、スクールソーシャルワーカーとして働いてみないかと声をかけていただきました。退職を機に福祉職として立場を変え、そちらの視点で学校支援ができるかもしれないという思いからこの職に就いたのでした。

震災後の復興が進む中、新しい環境に対する不適応から心に傷を負っている子どもがいると学校支援を通して知る機会が増えました。不登校のＢくんもその一人です。学校の中では教育的配慮をしなければならない生徒で、「どう接したらいいかわからない」「家庭にどこまで踏み込んでいいか躊躇する」という声が先生方から上がりました。子どもへの支援の方法やかかわり方を、学校という教育の場と福祉・行政との連携の中で考えることは、「子どもの人権保障の視点」の理解を深める良い機会ととらえました。

Ｂくんとのかかわりのメインは家庭訪問でした。訪問時のＢくんの様子、家庭の様子や家族の思いを「代弁者」として学校に伝えることがスクールソーシャルワーカーのできる唯一の役割です。Bくんの好きなゲームの話を中心に訪問を続けると「俺がなんでゲームしていると思う?」「(ゲームは)学校に行かないって決めたから時間つぶし」「俺はバカだから」とぽつぽつ本音を口にするようになりました。その一方で、母親を前に「なんであんな奴と結婚したんだよ!」「俺なんかいない方がいいんだろう!」と感情をむき出しにして声を荒らげる姿にも遭遇しました。学習や生活の不安から不登校という形でSOSを出し、誰かに受けとめてもらいたかったのかもしれません。

一人ひとりの子どものニーズを把握するためには、直接子どもの姿を見て、声を聞き、しっかり受けとめることです。Aくんの場合でもそうだったように、スクールソーシャルワーカーがBくんのその「声」を学校へ伝えていくことで、支援者同士の子ども理解が深まり、生活環境の整備と子どもへの支援を一歩前に進めることができたのです。その後Bくんは、自ら高校を選択し、自分のスタイルを通しながら、目標としていた高校進学をかなえました。

子どもの育ちの過程でかかわる「教育職」+「福祉職」だからこそ、子ども自身がもつ可能性を引き出し、よりよく生きようとする力を獲得する手助けができたのではないかと考えます。どちらか片方だけではない、双方がつながることで支援が広がるケースがあると思っています。

いどがわ　あけみ
助産師を3年間実務経験したのち、相双地区の小学校、中学校の養護教諭として36年間勤務。その後スクールソーシャルワーカーとして6年間福祉職に就く。

子どもたちの居場所は地域のつながりの中に

熊谷まゆみ
子どもの居場所れんが

一番の犠牲者は子どもたち

私たちが会津の喜多方《きたかた》というこの小さな地域で活動して感じることは、あまりにも子どもたちにつらいことを強いている社会だということです。新自由主義経済の下で競争社会に放り込まれた子どもたちに襲いかかる教育格差や学校格差、そして貧困。これらはこの狭い地域でも現に起きている深刻な問題です。それでも子どもたちは私たちがつくった支援組織に自らの力で「参加」し、「利用」し、「成長」していっています。学校も支援組織も、子どもたちこそ主人公ということに徹していくことが大切だと思います。

福島県浜通りの少なくない子どもたちは、あの３・11の津波と原発事故によって家を失い、家族を失い、家族が生きていたとしてもバラバラにされ、何よりも友達をなくしました。そういう子どもたちが喜多方に避難して、喜多方では成績が落ちたので学校に行きたくない、前の学校のように部活で活躍ができない等の問題が発生しました。それらに取り組むたびに、子どもたちの心の根底に「元に戻りたい」という気持ちがあることを痛いほど感じました。

避難者がまだ体育館にいたあの年、寄付金を募ってお子さんのいる家族にお届けしてお話を聞いたことがあります。「一番の犠牲者は子どもたちである。地震による津波はまだ自然災害という逃げ道があった。しかし原発事故で避難した人々の悔しい思いは消えない。だってそのままの家、農地、牛豚などの家畜たちが残されていたのだから」という避難者の気持ちが私たちに響きました。何があっても子どもを不幸にしてはならないということが、すべての活動の根底になっています。

さまざまな組織と連携して

震災・原発事故から10年。この間当市でも、登校しぶりや不登校が多くなりました。「英語がまったくダメ」「数学がちんぷんかんぷん」「部活で人間関係に悩んでいる」「先生の怒鳴り声が怖い」「過去のいじめがトラウマで教室が怖い」などの声が出され、「学校も家もいやだ、児童相談所に連れて行ってほしい」という訴えなど家庭崩壊ともいえる深刻な問題も起こっています。

私たちは「勉強室・さくら組」「子ども食堂」「子どもの居場所れんが」という子どもの居場所をつくってきましたが、これは地域の人たちがつながってはじめて生まれました。個々人のつながりだけでなく学校の先生や教育委員会、社会福祉協議会、生活協同組合などの組織とも連携してきました。

さくら組では、「さくら組は私の居場所！」「宿題をここでやってしまう！」「お茶の時間が楽しい！」「よその学校の子と友達になれる！」「ここは緊張しなくていい！」といった声がだされています。子どもたちは悩みながらも自分の中で何かが生まれるのを感じ、この教室で前に進む力をつけてきました。私たちはひたすらお手伝いすることに徹しています。アニメの世界に進路を見つけて進学していった子は、夏休みにさくら組に来て絵を描いてくれました。みんな大喜びです。でもこんな自由で楽しいさくら組にさえ、いることができない子どももいます。その場合には個別対応として、さくら組のボランティアさんの家に通ってもらって勉強してもらいます。

差別と分断はコロナ禍の中でも

貧困問題は深刻です。コロナ禍でますますこの傾向は強くなっています。月1回の子ども食堂では十分な子ども支援にはならないのではないか、とメンバーの中で話が出てきていた頃、「子どもの生活支援・学習支援事業」を市の委託を受けてやれないかという相談がありました。さっそく２０１８年３月「子どもの居場所運営委員会」を立ち上げ、同年６月１日に「れんが」をオープンしました。水曜日の午後、金曜日と土曜日は10時から昼食付で運営しています。学校の教室に入れず図書室だけにいる子や、登校しても１時間だけ相談室にいて帰る子、そして深刻なのはご飯を家で食べていない子がいるということでした。まず食べさせなければなりません。生活支援スタッフや学習支援ボランティアが子どもたちにかかわります。子どもたちは個別学習支援を受けたり、小さい子の面倒を見たり、食事作りの手伝いをしたりしています。そういう中で自信を取り戻していきます。

さらにまた別の市の施設で第２の「れんが」が計画されています。子どもの支援は行政や専門職の力が大きく影響しますが、それだけでなく、子どもを応援しようという思いのあふれた地域をつくっていくのが大切です。

私たちは「放射能はうつる」「福島に帰れ」などの虚言や暴言に傷つけられました。いまはコロナ禍に翻弄されています。感染者に当時と同じような差別や分断がおこなわれているのではないかと危惧しています。コロナ後の世界のあり方は、何よりも「信頼」「協同」「一人ひとりの尊重」「貧困の克服」「生き生きした地域づくり」がキーワードになるのではないかと確信しています。

くまがい　まゆみ
子どもの居場所れんが代表。社会福祉士。2011年7月から2020年3月まで喜多方市のスクールソーシャルワーカーとして活動。

心の声、言葉にならない声
――育ちの願いと育つ力をかなえたい

大橋玲子
保育士

失われた、制限なく遊べる毎日

東日本大震災からの原発事故の影響により、保育の現場で失われたことがたくさんありました。外で遊ぶこと、砂遊び、水遊び、散歩、園庭の畑で野菜を育てること……そのどれもが私たちの日常に、あたり前にあったことでした。

今ではもう、制限なく外で遊ぶことができるようになりました。砂遊びも水遊びも散歩もできるようになりました。園庭の畑で収穫したキュウリやトマトやなすやおくらや大根やジャガイモやサツマイモも、（毎年モニタリングをして、今まで放射性物質が検出されたものはひとつもありません）、食べることができるようになりました。あたり前のことがあたり前にできるようになりました。

いつでも何かに挑戦する子どもたち

この10年間で、子どもたちの育ちに本当に必要なものは、あたり前の毎日の中にあったことに、保育士の誰もが気づき、その大切さを再認識したことでしょう。

震災後すぐに戸外へ出る制限がされました。戸外へ出るときはマスクを着用し、室内に入る前に花粉を払うように衣服を払います。室内に入ったらすぐに着替えをしました。「先生、お外に行けなくなっちゃったんだよね」「知ってるよ。放射能がいっぱいだからってママが言ってたもん」。外で遊ぶことができなくなったある日、年長組の子どもたちがそう話しました。私は、「みんなはお外で遊ぶの好きだったよね。何をして遊ぶのが好きだった?」と子どもたちに聞きました。すると、「すべり台」「お山の坂道を上るのが好き」「鬼ごっこ」「鉄棒」と次々と出てきます。外には出られないけれど、どうすればこの願いをかなえることができるでしょうか。保育所内は十分に広いわけではなく、走り回れるスペースも限られていました。

そこで、保育士同士で、いつもは走らないお約束の廊下を運動スペースにできないか話し合いました。子どもたちが好きで読んでいた忍者の絵本をヒントに、「忍者の修業ごっこ」という遊びを提案し、「忍者の修業ごっこ」のときは、遊戯室はもちろん、保育室、廊下と園内全体を使えるようにし、すべり台や坂道、鉄棒を所々に仕込んで、忍者になりきりながら、伸び伸びと体を動かせるようにしました。

夏になると、外で遊ばないことが日常になっていました。もう誰も「外で遊びたい」と言わなくなりました。私たちもそれがあたり前になっていました。そんなある日、水の張っていないプールをじっと見ながら、「先生、プールにも放射能がいっぱいいるの？だから、プールもできないの？」と聞く女の子がいました。「プールやりたい？」と聞くと、「……やりたいけど、できないんだよね」と言いました。子どもたちは「外で遊びたい」と言わなくなったけれど、本当は外でも遊びたい、プール遊びもしたいのです。でも、言葉にせずに諦めていたのです。我慢していたのではありません。諦めていたのです。絶対にこの願いをかなえたいと思いました。本当のプール遊びができなくても、プール遊びの楽しさに似た経験をさせたいと思いました。そこで、遊戯室の真ん中に大きなビニールシートを使ってうそんこのプールを作りました。うそんこなので、本当に水を入れることはできません。でも、本物の水着を着て、水泳キャップもかぶりました。「ここはプールだよ」と言うと「えー！　水がないよ」と男の子が言いました。「水はあるんだよ」と言う私に「うそだー」と半信半疑の子どもたち。「手を出して、目をつぶってごらん」と目をつぶる子どもたちの手に向かって、後ろに隠していた霧吹きで水をかけました。すると、「あ！　冷たい！　水だ!!」と子どもたちは一瞬で笑顔になり、歓声が上がりました。みんなで霧吹きで水をかけあうと小さな虹ができて、ビニールシートがしっとりとしてつるつる滑ります。今度はそこに、たくさんの水風船を入れました。水風船をかきわけて「プールごっこ」を楽しみました。

「忍者の修業ごっこ」をしているとき、「プールごっこ」をしているときの子どもたちのキラキラの笑顔と目の輝きは今でも忘れることはできません。たくさんのことができなくなった環境でしたが、子どもたちはいつでも何かに挑戦し、楽しいことを見つけることができました。

言葉にならない声、言葉にしない声

一方で、避難地域から福島市内へ避難してきた、とても活発でいつもにこにこしている男の子がいました。ある日、一緒におままごとをして遊んでいる最中に「もうぼく、おうちに帰れないんだ」と言いました。その一言を聞いたとき、はっとしました。思わず、男の子の目をじっと見ましたが、返す言葉が出ませんでした。もう帰れないおうちには裏山があり、いつも裏山を駆け回って遊んでいたそうです。犬も飼っていて、とても仲良しだったそうです。年の離れたきょうだいがいて、近くにはおじいちゃんもおばあちゃんも住んでいて、協力し合って生活をしていたそうです。福島市に避難するまでの間、何か所もの避難所を転々としたそうです。きょうだいがばらばらの避難所で過ごさなければならないこともあったそうです。お父さんもお母さんも仕事を失いました。ようやく福島市で家族が一緒に過ごせるようになりましたが、おじいちゃんやおばあちゃんとは離れ離れになってしまいました。「おうちに帰れないんだ」と言った男の子が心の奥で抱えている、言葉にならない声に触れた気がしました。

あの家にはもう戻れないこと、たくさんのものを失ってしまったことを男の子はわかっています。自分も涙を流したし、家族の涙も見てきたことでしょう。あの小さな心の奥に、どんなに深い思いを抱えているのだろうかと思いました。子どもはつらい状況であっても遊んだり、笑ったりするけれど、心の中も笑顔ばかりだとは限りません。子どもたちが心の奥に抱える言葉にならない声があります。言葉にすることを諦めてしまった声もあります。子どもたちの周りにいる私たちは、子どもの言葉にならない声、言葉にしない声に注意深く耳を傾け、見落とさないようにしなければならないと思います。そして、その声を受けとめ、ありのままを認めること、その声を言葉にしていくことが私たちの役目だと思いました。子どもたちにとって必要なものは、子どもたちから知るしかありません。子どもたちの声を聴くしかありません。でも、子どもたちは言葉にして上手に伝えることができない場合があります。

子どもたちは自分自身の育ちの願いと育つ力をもっています。一人ひとりがもつ育つ力を引き出していけるように、子どもたちが発するさまざまなメッセージを丁寧に受けとめ、心の声を代弁し、それぞれの願いを実現できる支援こそが大切であると、震災を経験し気づきました。

おおはし　れいこ

保育士。「震災当時、我が子のために避難した方がいいかどうか、本当に悩みました。いろんな選択がありましたが、それはみんな子どもたちの未来と幸せを願ってのもの。元気に大きくなってほしい」

災害後に子どもたちの環境をどう構築するか
――おとなたちの共感的関係をつくりながら

四條拓哉
相談支援専門員

安心・安全と住み慣れた環境が失われ

あの未曽有の大震災から間もなく10年。当時私は、福島県の沿岸部にある南相馬市、相馬市、新地町、飯舘村（２市１町１村で人口約10万人）で、障がい児者の相談支援業務に携わっていました。今は原発により近い双葉郡という地域で、基幹相談支援センターの職員として活動をしています。

原発事故直後の街は、ゴーストタウンかと思わせるような状況になったことを記憶しています。人口６万６０００人だった南相馬市は、避難指示後約１万人程度になり、車の往来や街の明かりもほぼなくなりました。

原発立地地域である双葉郡や原発30キロ圏内の隣接自治体は、生活が大きく一変したことはいうまでもありません。普段あたり前のようにあった安心・安全と、住み慣れた環境が大きく失われました。とくに環境変化に敏感な障がい児者にとっては、大きな不安をかかえる日々になりました。

具体的な手立てが浮かばない

私たちのもとには、多くの相談が入りました。

ある相談では、いつも海沿いの公園で遊ぶことを習慣としていた方が、津波被害で遊べなくなり生活習慣が変わったことでパニックを起こしたとのことでした。また、広い庭のある家でのびのび遊べていたのが、狭い仮設住宅の生活になり環境変化とストレス等から大声をあげ、激しい行動をとるお子さん。なんとか抑制しながら辛抱強く我慢していたご家族から、深刻な相談がありました。医療的ケアを必要とする方たちも大変な状況でした。専門的な支援やケアを必要とする方ほど避難を選択できず、自宅に留まったのです。「だってこの人が避難するところなんてないでしょ、だったら家にいるしかないよ」「どこも行けるところがないでしょ」。震災直後の訪問では、家族の方からこのような言葉を聞きました。

しかも、具体的な手立てを提案できない相談が山積していました。普段であれば、放課後の預かり支援、短期入所など必要なサービスが頭に浮かびます。しかし、事業所が休止、支援者も避難しているなかでは必要な支援を届けることができません。相談されても聴くことしかできず、その後のマネジメントをする責任が果たせず、葛藤しました。

転々と避難をくり返す世帯も多く、生業を奪われ、今後どのように生活を立て直していけばいいのか見通しが立たない状況で、さまざまな不安が広がっていました。子どもたちは、安心できる居場所である学校や通所先を失ったことにより、それまでの困りごとが顕在化することもありました。避難により友達環境や居住環境が大きく変わり、ふさぎ込んでしまう子へどう接してよいかわからないというご家族からの相談もありました。支援者側にも、寄り添いやいっそうの傾聴、共感、さらにそういった状況だからこそニーズの整理という相談支援の原点や姿勢が問われたように感じます。

日常的に安心できる居場所を再構築するために、地域の方や行政の力を借り、ときには県外の方にも協力してもらいました。県の復興事業を活用し、長野、奈良、京都など全国からスペシャリストに来てもらい、事業所の再興のためのニーズ調査や職員体制の確保、関係機関の調整、支援者のサポートなどを定期的に支援してもらいました。

支援者の支援と、環境への働きかけ

子どもの支援は、家族支援と子の支援の両輪でといわれます。大災害の状況下では、環境要因の調整がより必要であることを体感しました。災害によって環境がそれまでの日常とかけ離れたとしても、そこで安心できる存在をつくるために、親への支援や子どもの居場所づくりなどで環境を整えていくことが、信頼関係の構築につながります。原発事故は目に見えない災害であり、なぜ日常が大きく変化したのか、なぜ避難しているのか、子どもたちには理解が難しい場合もあります。子どもたちにきめ細かく対応するためには、子どもにかかわるおとな、保護者への支援が重要です。目の前の相談に丁寧に向き合い、ニーズを把握し、生活、居場所、物資を含め必要なことを整理し、何が不足しているかを地域、時には県外へ発信するという作業に追われていたように思います。

表情がかたく沈んだ様子だった子どもたちが、今は少しずつですが笑顔が増え、友達と遊ぶなかで安心感を覚えているような表情を見せるようになりました。

しかし一方では、大きな災害後の心のケア、津波や大震災の体験によるＰＴＳＤ（心的外傷後ストレス障害）のケアが必要な児童もおり、中長期的な専門職の支援が欠かせません。以前とは違うけれど日常を取り戻しながら、安心できる信頼関係の中でこまやかに経過を見ていく必要が今も続いています。

振り返ると、私の取り組みの中心は、子どもの支援者を支援し、子どもをとりまく環境に働きかけることだったと思います。おとなの側にゆとりができることで、保護者、支援者のあいだに共感的関係ができ、子どもが安心できる環境が少しずつ構築されたのかもしれません。大きなものを喪失した状況からの出発でしたが、安心して楽しめる環境ができていくことで、子ども自身のなかに他者を信頼する力や前に踏み出す力、チャレンジする力が芽生え成長していったとも感じます。支援者同士がつながり、関係機関がつながり、子ども支援のつながりが地域で派生的に広がり深まりました。相談員、ソーシャルワーカーとして取り組んだことが、実を結んだのかなと思います。

まだまだ「復興しました」「もう大丈夫です」といえる地域ではありません。とくに現在活動している双葉郡は、原発立地地域だったこともあり、復興がさらに遅れています。少しずつですが小さな輪からはじめ、人と人がつながる場をつくっていきたいです。

しじょう　たくや
一般社団法人８色基幹相談支援センターふたば勤務。福島県双葉郡で活動中。震災当時、沿岸北部の相馬地方で福島県障がい児者地域療育等支援事業を担当する相談支援アドバイザーを務めていた。

第3章

これからの支援者、専門家の役割を考える

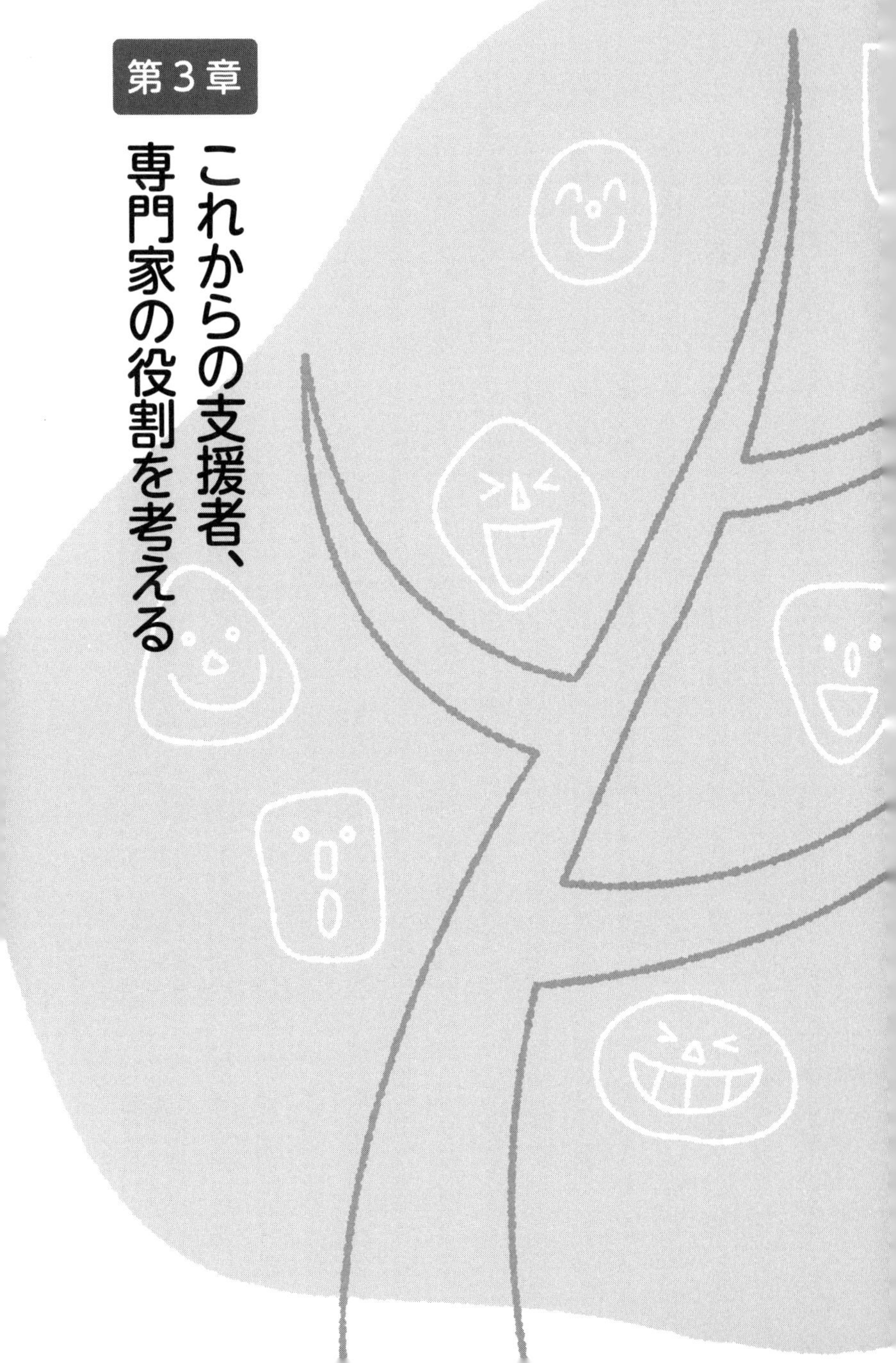

非常災害時のソーシャルワークの重要性

——福祉専門職の支援ネットワークを構築する

島野光正
福島県広域災害福祉支援
ネットワーク協議会会長

ソーシャルワーカーとしての覚悟

２０１１年3月11日の金曜日に起こった地震と津波、その後の東京電力福島第一原子力発電所の事故という未曽有の大災害により、私たちの生活は一変しました。私の住んでいる郡山市からも原発事故のために、多くの方が他県に避難しました。

放射能のように目に見えない恐怖に直面して、私たちは混乱し、どのように判断していいのか戸惑いました。放射線の数値は客観的に測れますが、その数値をどのように解釈するのかということから、家族やコミュニティー、人と人との関係が分断されていくことがありました。必ずしも安全だといえない状況で、私たちは「差別」や「排除」をおこなってしまったかもしれません。いつの間にかそれが、自身の暮らす地域や社会を守ることだと思い込んでしまう怖さがありました。当時は他県へ行き、福島から来たと話すと特異な目で見られたり、非難されたりすることなどを耳にしましたが、県内でも原発事故地域から他市町村の避難所に入る際にさまざまな軋轢《あつれき》が起こっていたように思います。自分の中にある目に見えない不安や恐怖が怒りとなって相手に向かっていったようにも感じました。

私に原子力災害や放射能、放射線の知識はありませんでしたが、福島県で生活を続けソーシャルワーカーとして働いていくことの「覚悟」のようなものはできていたように思います。

６団体で福島県相談支援専門職チームを創設

さて、私は当時、福島県社会福祉士会の会長の職を担っていましたが、あまりにも大きな災害で、ひとつの団体での活動には限界があると考えました。そこで県介護支援専門員協会の会長へ連絡し、県内の専門職団体が協力して避難者の支援をおこなうことを提案しました。同会長も同様に考えていたことから、両団体を中心に県精神保健福祉士会、県医療ソーシャルワーカー協会、県理学療法士会、県作業療法士会の６つの団体で「福島県相談支援専門職チーム」を組織し、４月から県内最大といわれた郡山市内の避難所で活動を始めました。５月からは福島県の委託事業となり、県内各地域の避難所や仮設住宅等で７年程活動が続きました。全国組織である日本社会福祉士会からは福島県内に入って活動をしたいとの提案がありましたが、原子力発電所の事故による被害者の避難先が全国的な規模となっていましたから、支援は全国の避難先の地域で働いているソーシャルワーカーが自身の業務の中で、継続的におこなっていくことが大事と考えました。

これらのことから、日本社会福祉士会を通じて各県の社会福祉士会に呼びかけをおこなうことにしました。福島県から避難していった方々がそれぞれの地域で生活ができることが大切であり、福島県へ支援に来ることだけが支援ではないことを伝えたかったからです。私たちは「遠隔地支援」という言葉で発信をしました。それは福島県の、それも東京電力福島第一原子力発電所の事故の影響がどれくらい大きかったのかということでもあります。

組織の必要性――継続性と専門性の担保

この相談支援専門職チームの活動を通じて、私たちソーシャルワーカーが災害時にも必要な専門職であること、災害時に活動するにはボランティアでは限界があり組織として活動することで一定の継続性と専門性が担保できることを学びました。そしてそのための環境整備（制度的な位置づけ等）がとても大切であることを痛感しました。人々の暮らしと生活があるところにソーシャルワーカーは必要です。災害時は人々の暮らしが阻害され、権利がないがしろにされがちですが、とくに社会的に弱い立場にある子ども、高齢者、障がいをもった方々などが権利侵害を受けやすい環境でもあるわけです。

また避難所という環境で、生活機能があっという間に低下してしまうことも目にしました。例えば高齢者の場合、被災前は自宅であたり前に生活し、それまでできていたことが、避難所という環境では「活動」と「役割」の両面でできなくなります。あるいは環境に適応できないことで、生活機能の低下があっという間に起こってきます。また認知症の高齢者が、慣れ親しんだ住まいから避難所に環境が変わることにより、さらに症状が悪化したり、他の避難者との軋轢が生まれたりすることもありました。被災から避難しても、避難先で次の被害（二次被害）につながっていくのです。これらをできるだけ予防し、元の生活を取り戻し、新しい生活へ向かう支援が必要です。そのことは大規模災害時における「災害関連死につながる二次被害」を防止することにもつながると考えます。非常災害時のネットワークについても「平時からできないことは非常時にもできない」ことを相談支援専門職チームの活動から学びました。振り返ると、東日本大震災、東京電力福島第一原子力発電所事故後の私の活動は、その特徴を「組織化」というキーワードで語ることができると思います。

福島県広域災害福祉支援ネットワーク協議会の発足

私たちが相談支援専門職チームとしての活動をおこなっていた頃、岩手県では先行して「災害派遣福祉チーム」の検討と組織化が始まっていました。東北の社会福祉士会の研修会や福祉系学会などで岩手県からの報告に触れ、今後の展開について考えていたところ、2013年になって県から災害時の福祉関係者のネットワーク構築事業について打診があり、福祉医療機構（WAM）の助成を活用した事業を受けることになりました。先の相談支援専門職チームの活動はいずれ終結することを踏まえ、その後の活動の帰結先として、継続して非常災害時に活動ができるように平時から準備することを狙いにしました。大規模災害から学んだネットワークの構築と、「福島県災害派遣福祉チーム」の創設と仕組みづくりです。こうして「福島県広域災害福祉支援ネットワーク協議会」の活動が始まりました。先行する岩手県をモデルに、協議会の設立と同時に県災害派遣福祉チーム創設について県や関係団体と協議を重ねました。現在の協議会の組織は、次のように官民が参画する組織となっています。

福島県、県社会福祉士会、県介護支援専門員協会、県医療ソーシャルワーカー協会、県精神保健福祉士会、県理学療法士会、県作業療法士会、県介護福祉士会、県認知症

グループホーム協議会、県老人保健施設協議会、県社会福祉協議会、県老人福祉施設協議会、県障がい児者福祉施設協議会、県社会福祉法人経営者協議会

この協議会の事務局は、福島県の社会福祉課内に置かれています。大きな目的は災害時にソーシャルワーカーや福祉専門職が活動できる環境整備を進めることであり、仕組みとしては各法人が県と災害協定を結び、災害時に県知事の要請によりあらかじめ県へ登録した専門職を避難所に派遣することです。県は法人へ費用弁償をおこないます。このことで災害派遣福祉チームの活動は、ボランティアとしての活動ではなく、県知事が専門職を派遣する公的な役割と責任ある活動として位置づけられることになりました。

研修のプログラムは、岩手県での東日本大震災時における専門職の活動から構築されたもので、現在は東北福祉大学へ委託しておこなわれています。当県の災害派遣福祉チーム活動マニュアルも、岩手県を参考に作成しました。またこの研修は東北6県と新潟県で実施されています。東北では各県の研修に、他県の災害派遣福祉チームのチーム員が研修講師や演習のファシリテーターとして応援をおこなっています。このことは東北の災害派遣福祉チームのネットワークの構築や、県を超えての派遣や連携ができる体制づくりにつながると考えています。

現在、国の方針でも各県に福祉関係団体の災害ネットワークの構築と災害派遣福祉チーム（DWAT）の創設が進められています。福島県での研修も登録研修、スキルアップⅠ・Ⅱと3段階の研修をおこなっており、現在200名ほどが県へ登録をしています。研修内容は座学として、避難所運営の仕組みや他団体の活動、連携、避難所でのリスク、実際の活動報告等を学びます。また図上訓練（シミュレーション）や避難所を想定した相談支援の演習など多岐にわたる研修をおこなっています。

台風19号ではじめての出動

東日本大震災及び原子力発電所事故の教訓から生まれた県災害派遣福祉チームは、2019年度の東日本台風（台風第19号）ではじめて活動をおこないました。この台風は広範な地域に甚大な被害をもたらし、多くの方が日常生活を奪われ避難所での生活を余儀なくされました。本来の災害派遣福祉チームの活動は被災市町村の要請によりおこなわれるものですが、創設後の活動実績がないことで市町村からの要請があるとは考えにくい状況でもありました。被災市町村でも、日々の避難者の対応や、避難所運営、通常の業務と大変な状況でした。

そのようなことから、協議会の事務局である県社会福祉課から被災市町村へ働きかけ、県内の被災３市への派遣につながりました。災害派遣福祉チームの活動は、もともと一定期間同じ避難所で継続して支援をしていく「滞在型支援」を想定していました。しかし、今回の要請は相談支援専門職チームでおこなったようなニーズ把握や個別相談支援が中心で、それぞれの市の避難所５～６か所を回っての活動でした。そのなかで、避難所運営の担当者や行政、保健師チーム、リハビリや医療チーム等の関係団体と連携をしながら活動しました。３市の避難所での約12日間にわたる活動で、のべ36名の専門職（社会福祉士、介護支援専門員、精神保健福祉士、理学療法士、作業療法士、障がい者施設の介護福祉士）が活動し、避難者のニーズ把握や相談援助、環境整備を中心に地域の相談機関や保健師につなぎ、地域包括支援センター、介護支援専門員などと連携しました。

限られた期間での活動だったため、その後の避難者の方々の生活支援にどのようにつながったのか、あるいは支援を継続するために地域の相談支援の機関や専門職能団体へのつなぎ方が十分だったのかなどの課題は残りました。一方で災害派遣チームの必要性は確認できたと考えています。

福祉職の養成課程で災害支援を位置づける

福島県相談支援専門職チームの活動からの10年を、「災害支援体制」の構築という視点で、県災害派遣福祉チームの創設と活動に至るまでを総論的に振り返りました。継続していくためには仕組みをつくっていくことが重要です。福島県での自然災害とその後の原子力発電所事故を経験し、福島県で生活するソーシャルワーカーとしてやらなければならないこと思って取り組んできました。それは非常災害時にソーシャルワークを展開するための、今後の活動につながる環境整備ということでもあります。分野を越えたさまざまな専門職の連携も不可欠です。最終的には災害救助法に災害派遣福祉チームが位置づけられ、各市町村の防災計画にも位置づけられることが大切であると思います。

しかし、あらためて考えると、社会福祉士の養成課程には、災害支援に関する教育や大規模災害におけるソーシャルワーカーの機能や役割などが十分に反映されていません。人の生命に関わる医療専門職の養成課程には災害時における活動が位置づけられており、研究も進んでいます。災害時は多くの人の生命が危険にさらされ、その命を救い、被災された方々を助けることは命にかかわる専門職の使命（mission）であるからだと思います。同様に人の暮らしと生活にかかわる専門職であるソーシャルワーカーも、災害時に役割があることは明白です。私たちは人の生命や生活を奪うのは病気や怪我だけではないことを理解しています。孤独や孤立、あるいはその人に適していない環境は、人の生活機能を奪い、生命の危険にもつながるからです。東日本大震災以降、各地で多くの災害が起こり、また研究等も進み、さまざまな論文が発表されています。各専門職団体でも災害対策等の取り組みがおこなわれているところです。

現在は災害時の感染症対策という新たな課題も生まれてくるなかで、各所で防災計画、避難計画等の見直しが求められています。今後は福祉専門職の養成課程でも災害支援がしっかりと位置づけられることが必要でしょう。次々と起こる新たな課題に向かうためには研究と教育、そして現場のソーシャルワーカーとの一体的な取り組みがとても重要であると考えています。

しまの　みつまさ
福島県広域災害福祉支援ネットワーク協議会会長。震災当時、福島県社会福祉士会会長。現在、一般社団法人郡山医師会郡山市医療介護病院　事務部長兼地域ケア推進部次長。

種をまく人たち
——傾聴ボランティアとの学び合いから

木村淳也
会津大学短期大学部

傾聴ボランティアグループの誕生に立ち会って

２０１１年の冬、福島県のとある街にひとつの傾聴ボランティアグループが生まれました。私が会津に移住したのは、２０１１年９月。東日本大震災から半年後のことです。偶然、傾聴ボランティアグループが誕生する場に立ち会ってから約10年が経ちます。それ以降、約10年間、毎年開催される研修会を通して研鑽し続けるボランティアメンバーとのお付き合いが始まりました。本稿では、足掛け10年にわたって見続けてきた傾聴ボランティアを話題の中心に、その間、私が／は何を育むことができたのか記したいと思います。

まなざしは点から線へ・線から面へ

主にひとり暮らしの「高齢者との話し相手」を活動の中心とする傾聴ボランティアですが、活動を通して「高齢者」に限らず、周りに頼れる人の少ない「子育てママ」や病気等を理由に「閉じこもる生活をしている人」など孤独な時間を長く過ごす方々の存在も話題に上るようになりました。そして、傾聴ボランティアは「高齢者」のための活動にとどまることなく、地域に暮らすすべての人のための活動でありたいと話題は広がるようになりました。傾聴ボランティアのみなさんが向ける街へのまなざしが時とともに変化を見せたのです。点から線へ、線から面へ街全体を俯瞰するように。

ところが傾聴ボランティアのメンバーは、ご自身が「リタイア」ないしは「セミリタイア」された方が大半です。ご自身が「高齢者」である場合も多く、今あるボランティアニーズをグループのみなさんが担当するだけでも精一杯です。とても地域で暮らすすべての人たちのリクエストにお応えするまでの余裕がないのも現状です。

必要とされながらも、十分に応えることができないジレンマを抱えるほどに傾聴ボランティアのニーズは高まりを見せています。約10年にわたり、地域でこつこつと活動をし続けるなかで、地域に「話し相手」としてそばに居てくれる人たちの存在をお知らせする「種」をまき続け、芽が出てきたといえるでしょう。芽は育ち続け、街中にしっかりと根を張り、強い風からも強い日差しからも優しく守ってくれる木陰をつくってくれることと思います。

支えられる者と支える者を超えて

種をまく人となる傾聴ボランティア仲間を増やすことが、活動をより豊かにするために必要なことのひとつでもあります。そのために、継続したボランティア講座を開催することも必要です。私が暮らす街から遠く離れた別の街で、私ができることは講座に講師として協力することくらいしかありません。そして、そこでできることといえば、講座に集まったみなさんと種まきの準備をするために畑を耕し、「ちょっとやってみてもいいかな」と思っていただけるように最初の種をぱらぱらとまくことくらいです。

少子高齢化、過疎化、限界集落、年を重ねるごとに街を形容する言葉は明るさを失っているようです。しかし、私たちの暮らす街は、けっして荒れ野原ではありません。ぱらりぱらりと種をまき続けることで「誰かを思う誰かの思い」がボランティアとして芽吹きだします。傾聴ボランティアとして街のあちこちにぽつりぽつりと「新たな出会い」が生まれます。最初の種から芽吹いた緑は、花を開き、実を結び、また種をまきます。ゆっくりではありますが、しかし、確実に広がりを見せています。

２０１９年の秋、福島県は台風の影響により、水害が発生し、大きな被害を受けました。その際には、傾聴ボランティアをしている人も被災者となりました。ご自宅が浸水被害を受けながらも、心細く思っている方もいるでしょうからと傾聴ボランティア活動を継続していた方もあったと聞きます。ご自宅が浸水被害を受けた傾聴ボランティアの方を、別の傾聴ボランティアの方が支えたり、支えられたりという、つまり「支える者」と「支えられる者」との固定された枠組みに収まることなく、互いに住民のひとりとして、他者に思いを馳せることが自然な営みとして繰り広げられる奥行きが傾聴ボランティアにはあると感じました。

人を頼り、人に頼られる、頼れる人がいる、頼られる人がいる、そのどちらでもなく、そのどちらでもある。おぼろげながらも自分には頼れる人がこの街にはいるというやんわりとした安心へとつながる活動であると考えています。傾聴ボランティアのみなさんとまき続けた種がしっかりと地域の中に根付いてきたと感じた瞬間でもあります。

ボランティアとやりがい搾取

非専門職である傾聴ボランティアは、地域に暮らす住民のひとりとして、善意の人としてボランティア活動をしているに過ぎません。純粋にボランティアとして活動しているわけで、活動そのものを労働として切り売りし換金するつもりもないし、自分たちの活動を自分たちの利益誘導に活用することもありません。

しかし、「支援」を生業にする専門職からすれば、地域に散らばる傾聴ボランティアは「鮮度の高い情報」を持つ者として、大変使い勝手のよい便利なグループとして目に映る場合もあります。熱心に取り組むグループであったりボランティアさんであったりすればするほど、ある立場の人たちにとっては、自分たちが足を使わなくとも情報を獲得できる、自分たちの活動に便利な集団であり、そういう存在として利用価値を見出すかもしれません。

専門職が自ら動き回らなくとも都合よく情報を入手できる傾聴ボランティアは、下手をすると個人の安否確認や状況把握などの情報収集役として「利用」される可能性も孕《はら》みます。専門職も、傾聴ボランティアも、そのような「つもり」はないとしても、結果として、傾聴ボランティアが専門職の「斥候」となってしまう／させられてしまう不安を私は抱いています。その危うさに気が付く人もいれば、気が付かない人もいることでしょう。専門職は専門職としての矜持をもって、いわば「やりがい搾取」とも呼べる、お手軽な情報収集に加担しないようにしたいものです。

私は、傾聴ボランティアに限ることなく、専門職がボランティアを都合のいいように利用してはならないと考えています。傾聴ボランティアの方々も、自分たちの活動が誰かに都合よく利用されていることを知れば、活動に対する意欲が減退してしまい、活動の停滞につながる可能性を孕みます。熱心に取り組めば取り組むほどに、活動の「成果」が注目されます。注目されるということは、良いことばかりでもなく、危険を孕んでいることでもあります。

傾聴ボランティアの思いを大切にして

「必要としている誰かと話をする」ボランティアである傾聴ボランティアは、参加に際して特別な技術を要せず、比較的参加への障壁が低いボランティアであると思います。傾聴ボランティア講座に参加する方も、「ちょっと興味があって」「時間があるときに参加できそう」など、取り組みやすいイメージが参加のきっかけになっているようです。

手軽に取り組める、そして、その手軽さとは裏腹に意義深く地域に染み渡る活動であることに傾聴ボランティアのよさがあるのだろうと思います。そこに傾聴ボランティアをしたい人がいて、一方には誰かに話を聴いてほしい人がいる。その両者が自分たちの暮らす街で出会う。それ以上でもなく、それ以下でもない、ただ、それだけでいいのだと思います。

しかし、いっけんすると簡単に見える「出会い」を生み出すこと、その仕組みを守り続けることは、見かけ以上に簡単なことではありません。ボランティアグループを維持するには、多くの課題があります。本稿は紙幅の関係から課題まで整理することはしません。おそらく、おそらくですが、もうしばらく続くであろう、傾聴ボランティアと私との時間を大切に過ごそうと思います。傾聴ボランティアが紡ぐ、その緩やかなつながりや思いを私の立ち位置からどのように守ることができるのか、かかわりを通して継続的に考えていきたいと思います。

ともに学び合うものとして

傾聴ボランティアとのかかわりは、私にとってどのような経験だったでしょう。当初、私は傾聴ボランティアの養成研修に講師として招かれました。そして、教える者として教えられる人の前で話をしました。しかし、「教える者」「教えられる者」の関係性は容易に反転し、猫の目のように反転をくりかえし、どちらでもあってどちらでもない。「教えられる者」でも「教える者」でもありました。持っているものを相互に交換し合う関係といえばいいでしょうか。

不思議なものです。

活動を通して語られる傾聴ボランティアの方々の言葉は、教卓の前で正論ばかりを語る私の軽さを簡単に凌駕する現実の重さで満たされています。人と向き合うこと。相手の言葉を受けとめること。その時の自分のこと。その時の相手のこと。今の街のこと。これからの街のこと。語りの迫力にわたしは、ただたじろいでしまいます。たじろぎながらも、傾聴ボランティアの「今」を学ぶ機会として、ひとりひとりの言葉から学ぶ機会をもらっています。どちらかといえば、最初に種まきのきっかけをいっしょに準備して以降、すっかり種まきの上手になった傾聴ボランティアのみなさんとのかかわりの中で、私は、傾聴ボランティアのみなさんに育てられている／支えられている感覚が年々強くなっています。

このように書くと、私の講師としての役目はすでに終わっていることが明確になりますが、「ミイラ取りがミイラになった」、そんなあいまいで緩やかな関係性もあってよいのだろうと思います。

ボランティアは支援人材の調整弁ではないのだから

毎年のように大きな災害により悲しい思いをされる方がいます。そして、災害後の復旧にボランティアが活躍している報道を目にします。災害後の片づけをはじめとして、避難生活におけるかかわりまで、ボランティアの活躍は多岐にわたります。ボランティアが暮らしの中の「あたりまえ」の活動になるのは「よいこと」だといえるでしょう。

一方で、ボランティアをするのが「あたりまえ」であるのは、ボランティアをする側の気持ちであり、専門職が住民に対してボランティアをするのが「あたりまえ」であると期待しすぎることにはならないでほしいと思います。とある災害関連の報道を見ていた時、「ボランティアが足りていないので復旧が遅れている等々」とコメントされているのを見かけました。ボランティアが足りないから復旧が進まないというのも、おかしな話だと感じました。ボランティアは、専門職の「手先」でもなく、災害時に必要に応じて湧き出してくる安上がりな「人足」でもないわけです。もちろん、ボランティアは大きな力ですから期待したい気持ちもわからなくはないのですが、なにか釈然としませんでした。これはあくまで報道側のコメントですから、現場の専門職のすべてが「ボランティア不足で復旧が進まない」と考えているとは思いません。

災害時ではなく日頃の活動を見渡しても、ボランティアありきで考えられすぎているのではないかと勘繰りたくなる活動に出会う時があります。ボランティアがいないと成り立たない企画を専門職が考えて、ボランティアというただ働きの人足をかき集めて回しているというとキツいでしょうか。

ボランティアの協力のもとに何かを為し得ることは素晴らしいと思います。市民参加とか、共生とか、いくらでも聞こえがいい言い方もできます。しかし、たんに安上がりな人材として当てにしていないか、善意の搾取になってはいまいか、専門職はボランティアとの付き合い方について考える機会をもつ必要もあるように思うのです。
傾聴ボランティアにかかわる中で、このようなことをぼんやりと考えながら過ごしています。

きむら　じゅんや
会津大学短期大学部幼児教育学科准教授。修士（コミュニティ福祉学）。立教大学大学院コミュニティ福祉学研究科博士後期課程中退。主な著書に『ソーシャルワーカーのソダチ』（生活書院、2017年、共著）ほか。

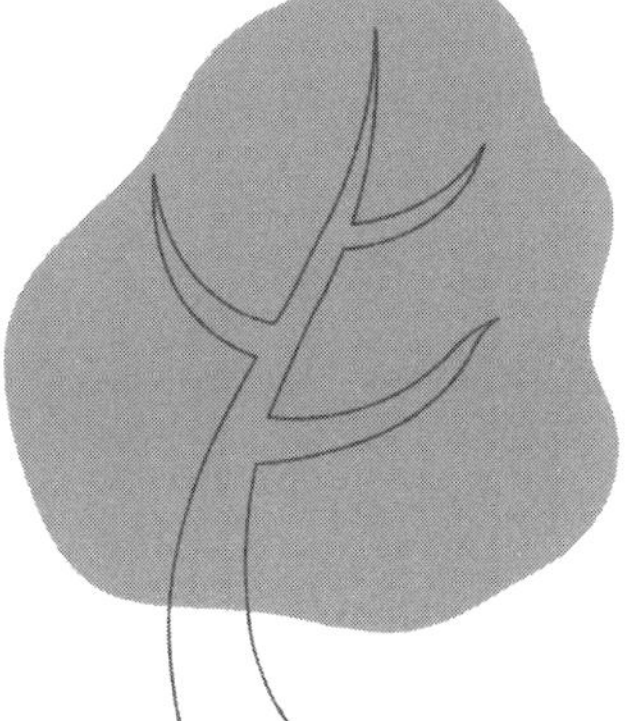

必要なのは長期的エンパワメント支援

――思春期女性の自立支援活動の取り組みを通して

鎌田真理子
医療創生大学

東日本大震災と福島第一原発事故による「荒れ」

福島県東部の太平洋沿岸部に位置するいわき市は33万人余りの中核市ですが、東日本大震災後は、福島第一原子力発電所の事故被害によって生活の場を追われた双葉郡の避難住民を、県内で最多人数受け入れました。現在では平穏な日常を取り戻していますが、震災当時からの10年を振り返ると、震災の中心から外れた周辺が荒れるという報告もあるように、まさに原発災害の発災の数年間にわたって地域全体が荒れていたように思われます。その「荒れ」とは環境だけでなく、自身の心身や他者との関係も含んでいます。

まず「荒れ」に関する環境を振り返りましょう。東日本大震災と福島第一原発事故の発災当時は、いわき市が最前線基地的な機能を果たしていました。全国から原発対応や災害救援のために５万人以上の人たちが当地に生活拠点を置き、日々の復旧・復興作業にあたったと考えられていました。国策で進められてきた原子力発電所には国内の大手建設業者がかかわり、その下請けや孫請け、さらに小規模事業者などが全国から復旧・復興の担い手として従事していました。そのほぼ全員が単身者で、夜の歓楽街などに繰り出すこともあり、一時期は危険な事件や事故が発生し、東京電力は門限を設定するなどしていました。荒れたのは夜の歓楽街だけではなく、当市へ乗り入れた自動車台数の急増で渋滞する道路も同様で、あちこちでトラブルや事故が発生しました。

東日本大震災や原発事故で被害を受けたおとなたちの中には、喪失感から生活が荒れていた人々も多く見受けられました。アルコールを多飲したり、暇つぶしにギャンブルに通ったり、歓楽街で散財をする人がいわき市住民の目にもとまり、避難してきた住民といわき市住民との葛藤や対立意識も目につきました。とくに双葉郡から原発被災として避難された住民たちは、仮設住宅やみなし仮設住宅という民間賃貸住宅などに一時居住されたのですが、多大な喪失感の中で暮らしておられました。仕事や暮らしといった日常生活環境、住まいや土地といった住環境、近所どうしの共助のつながりが一瞬にして変化し、仕事や住宅の狭小さから家族が世帯を分離して住まわねばならないなど、この状況は10年の歳月を経過しても個別でさまざまです。原発事故による避難を余儀なくされた人々は、避難先での定着、もとの双葉郡への帰還、終《つい》の棲家《すみか》となる場を探し求め漂泊しながら住所を転々とする生活など、それぞれの事情にもとづいて判断していかざるを得ませんでした。

子どもたちはおとなたちの判断に従うしかないので、さまざまな思いを抱えつつ、おとなたちとともに行動をしていました。あの日、2011年3月11日は市立中学の卒業式が午前中に挙行されました。しかし、例年10日ほど遅くに開催されてきた小学校の卒業式はおこなわれないまま、小中高校はすべて休校になりました。双葉郡出身の学生はあの当時の様子を振り返り、次のように話してくれました。福島第一原発が事故を起こして、住民が危険にさらされていろいろな判断を迫られていくときに、友人とも会えず、家族とともに行動するしかなかったのですが、父母は互いに考えが違うために激しく対立し、双方の親類までを巻き込み、ギスギスと緊迫した空気が家庭の中に生じたそうです。子どもながらにどうしていいのかわからない不安や怒りの気持ちでいました、と今は大学3年生になった彼は言います。家庭の内部で「荒れ」る空気の中に身を置き、語るに語れなかった現実を冷静かつ丁寧に分析し、今は出身地に貢献できる公務員をめざし懸命に学んでいます。

思春期を越え青年期を迎えた当時小学高学年だった学生たちは、当時の心の中を冷静に見つめて言語化するようになりました。この世代の多くの学生たちは県内に残り、福島の再生のために働きたいと強い意志に満ちた決意を語ってくれています。

10代の性の問題と自己肯定感の低さ

ところで福島県は性感染症の罹患者が急増しています。東日本大震災の翌年は減少したものの、２０１５年から急増しているのです。福島民友新聞のホームページでは、「性感染症、福島県で急増中！　特に梅毒が」のタイトルで、福島県衛生研究所のデータにもとづき、２０１６年の人口10万人当たりの梅毒患者数が東京都、大阪府に次いで全国第３位になったことが解説されています。一般の県民にはあまり知られていない問題ですが、医療・保健関係の専門職者のあいだでは憂慮すべきこととして、さまざまな取り組みがなされてきました。

とくにいわき市は、２００７年に10代の１０００人当たりの人工妊娠中絶率件数が全国１位となったこともありました。県内でも性に関する課題を抱える地域であることは関係者たちによく知られていることです。筆者は大学の教員の傍ら、関係専門職者たちと思春期の子どもたちの性の問題を支援する組織を２００８年に立ち上げ、日本思春期学会の青少年向けピアカウンセラー養成と中学・高校での支援活動を大学生たちとともにおこなってきました。

東日本大震災をきっかけに、思春期の性に関する支援活動をおこなう関係者たちは、再び望まない妊娠などで悩む子どもたちが増えるのではと大変憂慮していました。ところが学校現場の養護教諭から入る情報は、友人関係でのコミュニケーションに悩み、人間関係をうまく結べない子どもたちの存在が大きな問題として認識されているとの内容でした。併せて福島県の統計データでも人工妊娠中絶件数は減少していました。その一方で前述のとおり、性感染症患者の増加が顕著になっているのです。

この現象をどう読み解くのか、我々はネットワークの関係者たちと検討を重ねました。結論として考えられるのは自己肯定感の低下でした。推測に過ぎない結論なのですが、目前の子どもたちの状況を鑑みると、一部の活発な生徒による性行動に向けた活動はみられるものの、多くの場合は対人関係でのコミュニケーション・スキルの低下が顕著な問題となっているのではないかと考えられるのです。この世代の中・高校生たちは東日本大震災発災当時、いずれも小学校入学前世代です。助産師でホームスタート活動を展開している我々のネットワークのメンバーによると、東日本大震災以降、精神的な不安定さやうつ症状を訴える母親が増加していたといいます。本稿では正確なデータは割愛しますが、母子関係の中で母親の不安定さが思春期を迎えた中・高生たちの心情に何らかの影響を及ぼしているのではないかと考えています。現に福島県では、文部科学省の不登校などの調査で震災以降、数的な増加を示しています。つまり自己肯定感の低さについては思春期特有の傾向ではありますが、思春期のピアカウンセリング活動を通じて得られた認識では、東日本大震災の影響も加わっているのではないかと考えています。

子どもたちの二極化と将来への期待

子どもたちが置かれているネガティブな側面について言及してきました。今もなお現在進行形で内包されている個々の課題がある一方で、二極化ともいえる状況が存在しています。例えば、筆者は大学の授業で復興支援に関する授業を担当しており、学生にこれまでの体験などについて語ってもらう機会がありますので、その一例をご紹介しましょう。

震災当時、小学校高学年であった学生たちが当時を振り返り、体験や思いなどを言語化しおとなになっています。ある女子学生は、東日本大震災当時小学6年生だったときの体験を語ってくれました。いわき市は福島第一原発から40～50キロほどの距離に位置し、原子炉内冷却装置の不具合により原発炉内の圧力が高まり、原子炉が爆発するのではないかという恐怖感を住民全員が感じていました。福島第一原発で水素爆発が発生した日以降、その女子学生は両親と妹２人を含めた家族５人で、生活に必要な物資を詰め込んで自家用車で避難することにしたそうです。家族で相談して新潟県へ行くことに決めたのですが、自宅のあるいわき市から新潟市までは磐越自動車道で220キロ余り、3時間くらいの移動です。途中、駐車した際に知らないおじいさんがおにぎりを分けてくれたそうです。その時のいわき市は、発災直後から福島第一原発の状況が不安定で放射線の危険性が懸念され、外部からのトラック輸送による食料品などの救援物資も一切入らない状態でした。食べ物がなくお腹をすかせていた小さな妹たちと分け合って食べたおにぎりの味と、おじいさんの優しい気持ちを一生忘れませんと話してくれました。このように見ず知らずのおとなたちから優しく親切にしてもらった体験をもつ当時の子どもたちが多く存在していることは、大学のみならず中学・高校の教育現場の関係者から聞くことが頻回にあり、教育現場の教師たちは優しく素晴らしい子どもたちが多いと語ってくれます。

福島第一原発事故により、生きるために、目に見えない放射能の危険から逃れようと安全な場をめざして避難した双葉郡の人たちがいらっしゃいます。いわき市の多くの住民もまた、自主的に自家用車などで県外へ避難をしました。非常時下での経験は、子どもたちに多様な思いを経験させ影響を与えました。不安な中で周囲のおとなたちの優しさに触れた子どもたちや、家族や親族間の緊迫した葛藤を体験したがゆえに故郷を取り戻そうとする学生たちは、ＰＴＳＧ（心的外傷後ストレス成長）ともいえる前向きな成長を遂げています。一方で、他者とのコミュニケーションに悩む思春期の子どもたちなどのケースもあります。いずれにせよ今回のような広域かつ長期的な影響のある震災では、10年を過ぎたとしても、子どもたちそれぞれの成長段階に応じた長期的エンパワメント支援をおこなう必要があることはいうまでもありません。

かまだ　まりこ
医療創生大学心理学部教授。特定非営利活動法人地域福祉ネットワークいわき理事長。福島県教育委員会スクールソーシャルワーカー・スーパーバイザー。いわき思春期サポーターの会会長。

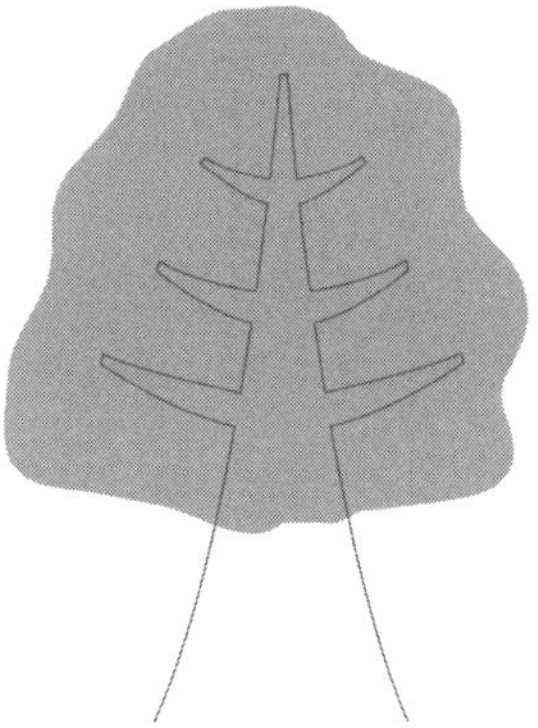

子どものこころに寄り添う支援の継続を

――メンタルヘルスの診療現場から

桝屋　二郎
精神科医

深刻な心理的な危機は続いている

災害が多い日本では、東日本大震災の被害や支援の話題はすでに現在進行形のものでなく、過去の教訓のように語られることが増えてきました。これは一種の風化といえ、現実に復興や支援に関する予算措置や支援金・交付金も次々に終了してきています。支援が必要なくなったから中止されるのであれば喜ばしいことですが、児童精神科医として支援現場で痛感することは、深刻な被災をした地域の子どもたちをめぐる心理的な危機は続いていることです。

原子力災害と放射能不安という他の被災地とは違った要因が存在するため、状況はより複雑化しています。近しい人を失う、あるいは家や仕事を失うといった発災当時の急性的で大きな喪失体験ではなく、避難の長期化・コミュニティーの分断や喪失・元の職に戻れない状況・家族の分断・賠償や補償問題・放射能不安・風評被害等々の急性慢性のストレッサーが山積しており、解決もいまだ十分でなく、見通しの立たない状況が続いています。

いまもなお悩みを語りだせるところがない

いうまでもなく子どもはおとなである養育者によってコミュニティーの中で育まれます。したがって、おとなやコミュニティーの危機は子どもたちの成長や発達に直結します。それはメンタルヘルスも然りで、おとな（子どもにとっての養育者）のメンタルヘルスの悪化やコミュニティーの分断・崩壊は子どもたちのメンタルヘルスの増悪要因となります。福島におけるおとなのメンタルヘルスは厳しい状況が続いており、県内におけるアルコールやギャンブル依存、うつ病や抑うつ状態、自殺件数などの問題は深刻で、いわゆる震災関連自殺数は被災地の中でも福島は際立っています。震災関連とされない自殺を含めて全国の自殺率が低下傾向である中、福島の自殺率は高止まりしています。帰還困難な地域においては「町や家々は一見して大して損傷していないにもかかわらず、帰還はかなわず、故郷や自宅の緩慢な荒廃が進んでいく……」という、「あいまいな喪失」（ポーリン・ボス）に合致する状況が出現し、一部の人々のメンタルヘルス増悪要因となっています。放射能不安もいまだ間違いなく県内の親子に暗い影を落とし続けており、「健康被害を起こすものではなく心配することはない」という発表や報道の一方で、発がんリスクへの不安を煽るような意見表明や報道もいまだ散見されます。国や県や科学界が安心・安全をどれだけ訴えても、それに反する報道や声明や発表も収まらず、風評被害も少なくはなったものの今後も長期的になくなりはしないと見込まれます。子どもたち、そして保護者たちの不安はいうまでもなく、「将来、子を産めるのか、結婚できるのか」と真剣に悩む女子もいるし、「福島に子どもを置いていることが果たしてよいのであろうか」という漠然とした不安やある種の罪悪感を潜在的に抱く保護者は多く、こういった悩みを相談する場や吐露する場も少ないのです。

子どもの笑顔を取り戻すにはおとなの笑顔を

影響は、子どものメンタルヘルスの参考指標となる児童虐待件数や不登校者数、いじめの認知件数などにも表れています。福島県内の児童相談所における児童虐待対応件数は東日本大震災後に急増し、その後も増加の一途をたどっており、とくに被害の大きかった沿岸部での増加は顕著となっています。被災と避難によって強制的にコミュニティーが分断され、家族のあつれきが生じた家庭も多く、養育者が育児支援や心理支援のセーフティネットから漏れ落ち、孤立化していることは容易に想像できます。これは児童虐待発生の大きな要因となりえます。

また、小・中学校における不登校の現状は、総数では目立たないものの、増加率という観点でいえば福島県は全国でもトップクラスです。不登校の問題は当然、高校生に波及しており、震災後のさまざまなストレス状況の下、小学校・中学校で頑張り続けてきた（ある種の過剰適応をしてきた）子どもたちが、義務教育での手厚い支援がなくなった高校で、不適応や電池切れを起こしたかのように心理的危機におちいっていることがうかがわれます。これは不登校とも関連する子どもの自殺問題、つまり学校でのさまざまなストレスに対して不登校を選択できない性質の子どもたちが自殺に追い込まれていくという流れにも波及しており、県は公表をしていませんが中・高生の自殺者数は震災前に比べて増加した年が多いのが現状です。20歳未満の自殺は全国的にも増加傾向ですが、２０１７年には人口当たりの20歳未満自殺率で福島県は全国トップとなりました。

このように子どものメンタルヘルス支援を考える際には、常に育む側のおとなのメンタルヘルス支援の充実もセットにして考えなければならず、当たり前ですが保護者の笑顔を取り戻せないと子どもの笑顔も取り戻せません。そして、子どもの支援であっても支援者は自殺リスクを常に頭の片隅に置いておく必要があると思います。

正確な見立てには複数の専門職で

ではどのように支援を展開すべきでしょうか。まずとても大切なことは正確な見立てです。正確な見立てがなければ、結果的に支援の方向性が誤ってしまうからです。災害での心理支援となると我々はどうしても視点が「トラウマ」的なものに偏りがちとなります。しかし東日本大震災における被災県に共通する現在進行形の子どもメンタルヘルスの問題として、震災から年月が経つにしたがって、新たに事例化してくる、あるいは症状や不適応の遷延を認める、そういったケースの中に発達障害の子どもたちが増えてきています。多くの子どもたちが家族や学校や地域の支えにより災害による反応を回復させていく一方で、発達の偏りを抱えるが故にどうしても精神的回復力（レジリエンス）が脆弱となっている子どもたちは、時間が経過してもなお災害による急性慢性のストレスに適応できず、さまざまな症状や困難を抱えています。

こういった場合、さまざまな形で学校や人間関係の上で不適応（対人関係における問題、心理学的には愛着の問題とも換言できる）を起こしているわけですが、例えば不適応は災害の直接的な「トラウマ」だけを抱えていても生じ得ます。また「発達」の問題だけを抱えていても生じ得ます。そして両者を抱えていても生じ得るのです。そしてトラウマの内容は「災害の直接的なストレス」である場合もあれば、「災害が生じたことで心理的あるいは社会的に保護者のメンタルヘルスに不調が生じ、その結果として虐待が生じたようなケース」である場合もあります。両者はどちらも子どもにとってみればトラウマティックな体験ですが、支援の方法や方向性は当然ながら違ってきます。「発達」の問題を抱えているにもかかわらず「トラウマ」の問題だけに着目してしまうと、当然ながら必要な発達支援につなげることができないし、「これは発達障害」だと決めつけてトラウマ反応を見過ごしていたとしたら、いくら発達支援をおこなっても支援としては不十分です。両者を抱えている場合、適切な発達支援とトラウマ支援がバランスよく提供されることが重要となるわけです。そのためには支援をするケースの見立てが大切になりますが、この見立てを１人の支援者や１つの職種、１つの機関でおこなうことは大変難しいです。さまざまな経時情報とソーシャルな情報を総合し、子どもの発する微かなシグナルやＳＯＳを正確に見極めていくことは簡単な作業ではないからです。専門家なしでも、専門家だけでも、支援者構成としては不十分で、災害でのメンタルヘルス支援においては多職種多機関の支援チームの構築が非常に重要となってきます。

子どもたちを支援の網から漏らさない

年齢や理解力で差はありますが、圧倒されるような災害や出来事に直面した場合、子どもたちは事態の客観的理解が困難になることが多くなります。主観的に物事を理解するしかなくなるわけですが、この際に非論理的な思考や信念を生じさせやすくなります。例えばサバイバーズギルト（死んでしまった者に対して抱く生存者の罪悪感）などを基盤としたマジカルシンキング（呪術的思考：論理的・科学的に、何の関係もない出来事を関連づけてしまう考え方）が挙げられます。「自分がわがままを言ったから、お母さんは死んでしまった」、「私がちゃんとしなかったから、地震が起きた」「自分が手を離したから、お兄ちゃんは津波に流されていなくなってしまった」といった客観的には全く不合理な思考をもち、それでつらい思いをし続けている子どもたち、そしてそのつらさを誰にも打ち明けられずに何年も過ごしてきた子どもたちが東日本大震災においていまだにたくさんいます。

そして次に挙げたいことは、子どもは「頑張る、ときとして頑張りすぎる」存在であるということです。「過剰適応」とも呼びますが、子どもは「心配をかけたくない」とか「よく見られたい」とか「誉められたい」……そういった理由で頑張り、ときとして頑張りすぎてしまいます。子どもが頑張っていれば周囲のおとなたちは「元気だ、大丈夫だ」と判断しがちになりますが、実際には傷ついて支援が必要にもかかわらず頑張っている子どもが大勢いることを忘れてはなりません。実際に支援現場でも震災後5年、7年と経って初めて自分のつらさを表出できた子どもたちがたくさんいるのです。このような子どもたちを支援の網から漏らさないように我々は心がけていかねばなりません。そして、子どもたちや親御さんが安心や安全を感じながら「こういった支援をしてくれるなら、信じて、自分も一緒に頑張ってみよう」と感じてもらえるような支援を提供しなければ、子どもたちは十分に回復せず、その子どもにとっても家族にとっても、そして将来の社会にとっても大きな損失になります。

未来に向かって寄り添い続ける

被災地での児童精神科診療や学校支援、被災地調査を続けるなかでの実感は、被災地のメンタルヘルス支援を簡単に打ち切ってしまうことには大きな危険があるということです。必要な支援を打ち切るということは、もし支援をしていれば社会の中でもっともっと活躍ができたかもしれない子どもたちの未来をつぶす可能性にもなります。社会の損失は莫大といえます。支援が必要な子どもたちを見極め、子どもたちや家族の意向や希望、そして安全・安心を担保しながら、よく聴き、よく話し合った上で、その意向や希望にできるだけ沿った支援目標を設定し、子どもたちの幸福や自己実現の未来に向かって共に寄り添い、共に歩みながら支える、そういった「こころに寄り添う」支援が途切れないことを切に願っています。

〈参考文献〉
・松浦直己／編著　八木淳子、福地成、桝屋二郎／著「被災地の子どものこころケア：東日本大震災のケースからみる支援の実際」中央法規出版、2018年
・一般社団法人日本臨床心理士会／監修　奥村茉莉子／編集「こころに寄り添う災害支援」金剛出版、2017年
・ポーリン・ボス／著　中島聡美、石井千賀子／監訳「あいまいな喪失とトラウマからの回復」誠信書房、2015年

ますや　じろう
東京医科大学精神医学分野、および福島大学子どものメンタルヘルス支援事業推進室に所属。

第4章

子どもだった私たちは おとなをどう見ていたか

私にも大切な故郷がある

——震災を自分ごととして考えることを恐れていたけれど

松崎　奏
当時中学2年生

今まで通りの生活をすることへのこだわり

震災当時、私は中学2年生でした。卒業式の練習の後、家に一人でいたら地震が来て、目の前にあった壁掛け時計が落ちた瞬間、「あ、死ぬかもしれない」と初めて思いました。それから一週間は余震が落ち着かず、原発が爆発したり太平洋岸の方で津波が起きたというニュースを目にして、不安だったのを覚えています。

当時を振り返ると、中学生の頃は〝被災者〟というレッテルを貼られるのが嫌で、今まで通りの普通の生活をすることにこだわっていました。積算線量計（ガラスバッジ）を着けて生活するのも嫌だったし、避難生活をするのなんて絶対に嫌でした。そうやって強がっているうちに学校が始まり、だんだんと、ある程度普通の生活ができるようになりました。

中学校の卒業式のとき、普段クールな担任の先生が私たちの姿を見て号泣し、「先生は君たちのことをもう守ってあげられないけど」と話していました。私たちが普通の生活を送れていたのは、先生や周りのおとながそうなるように守ってくれていたからだったんだなとその時になって実感しました。

「被災地の子ども」というフィルターへの反発

大学に入学してから、東北の学生で構成する音楽団体の募集があることを知り入団しました。団員のほとんどが私と同じようなちょっとだけ日常を変えられた人であり、誤解を恐れず言えば私たちは音楽をする余裕がある人たちでした。団員の皆と合宿で沖縄に行ったこと、大きな舞台で演奏できたことは本当に楽しかったし貴重な経験です。

でも、活動する中で、運営のおとなや周囲から〝被災地の子どもたちが震災への思いを音楽にする〟ことを求められていることに違和感がありました。私より被害にあった人たちがいる一方で、そうではない私たちが代表者のような立ち位置で音楽をしなくてはいけないことや、可哀そうな子どもたちという震災フィルターで見られることにも抵抗がありました。

「福島にも行ってみたい」という友達ができて

そんなことを感じていたとき、大学でできた友達が宮城県の南三陸町出身で、幼馴なじみと自分の出身地を周囲に発信する地元のツアー活動をおこなっていて、その活動に参加する機会がありました。津波の脅威や復興状況など学ぶことはたくさんありましたが、何よりも、私が当時壊されないように必死だった日常を、彼らはあの時から今にいたるまでを奪われてしまったんだということ、それを隠さずに発信しようとしていることにとても驚きました。彼らの故郷は甚大な津波の被害により、大切なものをたくさん奪われた場所です。それでも、彼らはそこが自分たちの故郷なのだというそれぞれの信念をもって堂々としていました。私にはそれが眩しく見え、同時に羨ましく思いました。

その後もその活動にかかわるなかで、自分の被災経験や考えをアウトプットする場があり、それまで震災の話なんてしたことがなかった大学の友達や他県から来た学生など、いろんな人が私の考えを聞いて受容してくれました。私の話を聞いて、「福島にも行ってみたい」と言ってくれ、実際に来てくれた人が何人かいたことは、本当に嬉しかったです。私もみんなの地元に行って、観光地に行ったり郷土料理を食べたりして、私にも、みんなにもそれぞれに大切な故郷があるのだと感じました。

震災当時の私は震災を自分ごととして考えることを恐れていましたが、今はもう少し恐れずに行動できる人間になっているなと思います。

当時から今まで、私の周りには、守ってくれるおとなや、話を聞いてくれる友達がたくさんいて、気づかないうちにたくさん支えてもらっていました。今後、私が誰かを支える側にまわる時、この経験の中での気づきを忘れずに大切にしていきたいです。

まつざき　かなえ
言語聴覚士。「社会人2年目になり、さまざまな患者さんと接する中で、人の生活を支えることの大変さを痛感しています。今回、自分が支えられる側だった頃どうだったかを振り返って考えたことを、今後の自分のあり方にもいかしていきたいです」

今の世界がすべてではないことに気づく

――居場所が見つからない感覚を経験して

浜野りか（仮名）
当時小学6年生

少しずつ前に進んでいきます

「私は3・11で人生が180度変わりました。震災で失ったものはあります。ですが、見つかったものの方が何倍も大きかったのです。私は3・11をきっかけにたくさんの人とつながりができました。今まで自分がみている世界がすべてだと思っていましたが、そのつながりは世界を拡げ、夢を与えてくれました。私は将来何らかの方法で困っている人を助けたいです。大勢の人が住む地球でとても小さいものだけど、小さいなりに少しずつ少しずつ前に進んでいきます。今悲しみや悩みでいっぱいいっぱいの人もたくさんいると思います。人生は幸せが6、悲しみが3、どうでもいいことが1だそうです。今、悩んでいる人もきっと幸せがあります。頑張りましょう」

これは、高校1年生の美術の時間に描いた自画像に添えた文です。

ああ、生き残ってしまった

東日本大震災当日、私は小学校卒業を目の前にして、中学校入学に心躍らせていました。しかし、今まで経験したこともない揺れがおそい、校舎内は叫び声で埋め尽くされてしまいました。外に出るといつも見ていた校門の地面が割れ、いつも学校帰りに寄っていた本屋さんは見る影もなく崩れていたのです。

その後、緊急避難所へ姉と移動しましたが多くの人であふれ返り、当時3歳だった姪の寝るスペースもありませんでした。避難所ではさまざまな声が耳に入ってきました。一人でぼう然としている人。何度も不安そうに電話をかけ直している人。「あそこの息子さんが近所の人に避難を促していて亡くなったらしい」という声。亡くなった先輩のお母様が、何度も何度も焦って電話をかけ続けていた姿が今も頭に焼き付いて離れません。優しく、部活に一生懸命で、友人も多かった先輩。素晴らしい、愛されている人ばかり亡くなったと思いました。

「ああ、生き残ってしまった」と感じました。震災から日が経ちどんどん考えれば考えるほど、その気持ちは大きくなっていきました。そう考えている自分がどんどん嫌いになっていき、その時の私には、自分が何になりたいのかも、どんな自分になりたいのかもわからなくなっていました。

「小学校で一番楽しかった思い出は?」と聞かれることがありましたが、きっと楽しいことはあったはずなのに、震災のことが頭に浮かんで楽しかったことが思い出せなくなってしまいました。それがなぜだろうか、とよく思っていました。

話を聞いてもらえることが一番必要だった

震災後、一度千葉へ疎開したものの、福島の地元の中学校に入学することに決めました。でも、小学校の頃に思い描いた中学校生活ではありませんでした。小学生の時には、あたり前に中学校生活には親友が隣にいてくれるものだと思っていましたが、親友は避難先にいたので、友人もあまりできませんでした。大好きな祖母もおらず、家族も震災後忙しくなり、話したいことも話せず、どんどん話したいこともわからなくなり、自分の居場所が見つけられないようにも感じていました。

そんな時、ポルトガル短期留学のポスターを見つけ、3歳から英会話を習っていて海外に興味があった私は母の後押しもあり応募しました。この国でも大きな地震と津波があったという共通点を知ることができ、応援してくれた人がたくさん話をしてくれました。その後もたくさん交流を持ってもらいました。会話をすることや話を聞いてもらえることがその時の私には一番必要なことで、その後の励みになったと思います。そこで出会ってくれた人のおかげで今生きていられると思っています。

震災当時、狭い世界で生きていた私は、その世界がすべてで自分には居場所がないように感じていましたが、留学の機会は私の世界を広げてくれました。

今は、誰か困っている人のためになりたいと思います。

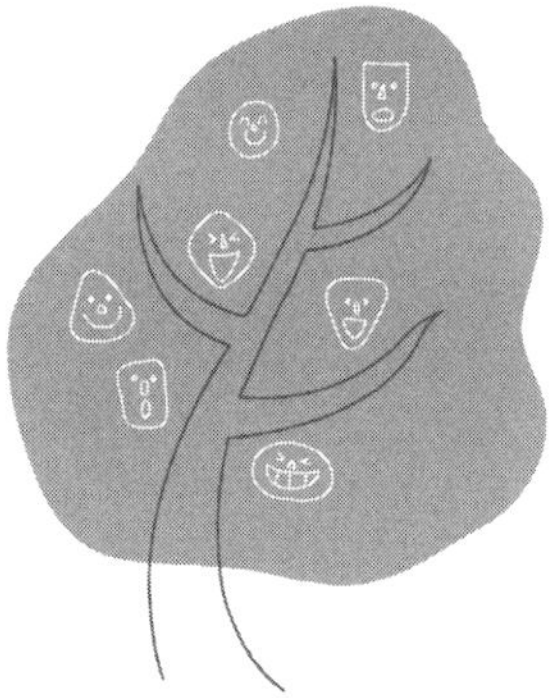

はまの　りか
2021年春に働き始め、海外事業関連の仕事に就く予定。

家族との日常生活が安心につながった

――自分も被災者であり当事者だった気づきから

松崎　希

当時高校2年生

すべてを失う恐怖と当事者性

震災当時、私は高校2年生でした。津波の映像や原子力発電所（以下原発と記述）が水素爆発し煙を上げている映像に呆気にとられ、映画のようだと思いながら見ていたことを思い出します。当時は原発がどこにあるのかも、爆発したらどんな影響がでるのかも全く理解していませんでした。しかし、私はこの震災によって、生まれた場所や育った環境、周りの人々、私自身をつくってきたそれらすべてを失う恐怖を一瞬にして感じる経験をしました。そして、その時にやっと、自分も被災者であり当事者だったのだと感覚的に認識したのです。

震災直後、会津若松市と新潟県に住む祖父母は、孫である私たちの健康を心配し、自分たちのところへ避難をすることを提案していました。私と当時中学生だった妹は、２〜３週間会津若松市と新潟県に避難をして生活しました。新潟に避難をした際には、祖父母の知り合いの方が高校の吹奏楽部を指導しており、当時吹奏楽部に所属していた私と妹はその練習に混ぜてもらいました。親切に受け入れていただきましたが、〝福島からの避難者〟として気を遣われているような気がして、弱い立場になってしまった感覚がありました。どこか居心地の悪さを感じた覚えもあります。学校が始まる前に福島市内に戻る予定でいましたが、急に両親から「会津か新潟の学校へ転校してそちらで暮らすという選択肢もある」という話をされました。これは、私にとっても妹にとっても衝撃的な話でした。全く、本当に全く考えていない選択肢だったからです。

急になんてことを言うんだ、という思いで「絶対に嫌だ」と即答しました。これが、前述したすべてを失う恐怖を感じた瞬間でした。世間では、福島県民への差別が起こったり、原発事故の影響で女性の妊娠や出産にリスクがあるのではないかと論じられたりしていました。それでも大丈夫かと親から問われた際にも「福島県民だからと差別するような男性とは元から付き合わないからいい」「お父さんとお母さんが避難するとしても、お金だけ置いていってくれれば私は福島で生活する」と強気な発言をしたこともありました。ただ、今後福島で生きていくということがどのようなことを意味するのかは具体的に想像ができず、未来に対する恐怖は抱いていました。しかし、その恐怖を徐々に和らげてくれたものがありました。

選択を尊重してくれた両親

その一つが、家族とのやり取りです。震災直後、隣近所の人たちが仕事に行くときには、その子どもたち（小学生から高校生数人ほど）を私の家に集めて、日中はテレビを見たり遊んだりしながら子どもだけで過ごしました。一人ではなかったので心細い気持ちは全くありませんでした。両親が帰宅すれば、夕食を一緒にとりながら職場の困難な状況を話したり、私たちが日中どんな過ごし方をしていたのかを伝えたりしていました。つまり、非日常の中にあっても、家族が会話をするという日常が存在し、それは私にとって安心につながっていたと思います。

私が「避難はしたくない」と強気で言ったことには、「さすが私たちの娘だよね」「まさか、お父さんとお母さんだけ避難したらなんて言われると思わなかった」と笑いながらも、「そこまで言うなら、中高生のあなたたちの判断を尊重するよ」と、避難しないという選択を尊重してくれました。ただ、これはある程度自分の意見を発信できる年齢だったことと、それを叶えられる環境があったからだと思っています。

また、避難をせずに生活をしていた私たち家族ですが、両親がそのことを後悔していたり、不安に思ったりしている素振りを見せなかったことで、選択が間違っていなかったという気持ちが確立していった気がしています。当時の高校からは、震災から約２週間後に郵送で手紙が届き、〝福島で震災を迎えた君たちが今できること〟について考える時間にしてほしいというメッセージが書かれていました。このような周囲のおとなの行動によって、それで良いんだ、今後もできることがたくさんあると前向きに捉えられたことで安心感を得ることができ、さらに前向きに福島で生活をするという気持ちを形成していくことができたのだと思っています。

まつざき　のぞみ
福島市内の児童養護施設職員。「仕事で子どもたちと向き合う日々ですが、今回は自分自身の子どもの頃の気持ちや周囲の環境を見つめ直すという、とても貴重な機会となりました」

支援すること、寄り添うこと――あとがきにかえて

どの執筆者も、何度も原稿を書きなおし、限られた字数で自分の思いを言葉にすることに奮闘されたと思います。

この本は、編者から執筆者のみなさんへの問いかけからはじまりました。その過程で、「震災について、自分で蓋をしてきたことに気づいた」という声が聞かれました。何を書くかは自分探しの出発点だったかもしれません。書くためには、多くの事柄からどれを選択するのかを決断しなくてはなりませんでした。

またこの本は、編者、執筆者にとって、蓋からの解放でした。津波や地震が、多くの生命を奪い（震災関連死もあります）、地域の自然や建物を破壊し、放射能禍が人と人との関係や働くこと、学ぶこと、遊ぶことをこわしました。この衝撃が蓋になったことは否めません。でも、その蓋をあけられたのは、子どもたちの声や姿があったからです。

では、おとなは何ができたのか。おとなは子どもたちを支えることができたのか。これ

は、いま多くの支援者にとっての大きなテーマです。あるひとりへの支援が、地域社会全体の支援につながることがあります。個々への支援が大きく社会を動かすことになるのです。めざすのは、子どもたちの生存権がしっかり守られる社会です。

私たちは、「支援する」「寄り添う」といった、専門職が日頃使う言葉の意味を大きく変化させる必要があります。支援とは、会話や行為だけでなされるものではありません。要請があってすぐにできるものでもありません。長い間のつながりと励ましあいがあるからこそ、語り出すことが可能となる支援が生まれるのだと思います。

震災から10年。1年365日、10年で3650日です。「2011年3月11日」はそのうちの1日であり、残りの3649日があります。この3649日を振り返り、思いをはせるところに、「おとなは子どもたちに何ができたのか」の答えがあるのではないでしょうか。

執筆者を代表して　鈴木庸裕

●編著者

鈴木　庸裕（すずき・のぶひろ）

日本福祉大学教育・心理学部教授、福島大学名誉教授。
特定非営利活動法人福島スクールソーシャルワーカー協会理事長、日本学校ソーシャルワーク学会代表理事。著書に『学校福祉のデザイン』（かもがわ出版、2017年）、『「ふくしま」の子どもたちとともに歩むスクールソーシャルワーカー』（編著、ミネルヴァ書房、2012年）、『震災復興が問いかける子どもたちのしあわせ』（編著、ミネルヴァ書房、2013年）など。

福島の子どもたち
おとなは何ができたのか

2021年2月1日　初版第1刷発行

編著者―鈴木 庸裕
発行者―竹村 正治
発行所―株式会社かもがわ出版
〒602-8119　京都市上京区堀川通出水西入
TEL：075-432-2868　FAX：075-432-2869
振替　01010-5-12436

印刷所―シナノ書籍印刷株式会社

ISBN　978-4-7803-1138-9　C0036
©Nobuhiro Suzuki 2021 Printed in Japan

【かもがわ出版の本】

鈴木庸裕◎著

学校福祉のデザイン

すべての子どものために多職種協働の世界をつくる

A5判・168頁・本体1700円

鈴木庸裕・住友剛・桝屋二郎◎編著

「いじめ防止対策」と子どもの権利

いのちをまもる学校づくりをあきらめない

四六判・208頁・本体1700円

鈴木庸裕・丹波史紀・古関勝則ほか◎著

子どもの貧困に向きあえる学校づくり

地域のなかのスクールソーシャルワーク

B5判・144頁・本体2000円

鈴木庸裕・新井英靖・佐々木千里◎編著

多文化社会を生きる子どもと
スクールソーシャルワーク

B5判・148頁・本体2000円

鈴木庸裕・高良麻子・佐々木千里◎編著

子どもが笑顔になる
スクールソーシャルワーク

B5判・124頁・本体1800円

鈴木庸裕・住友剛・佐々木千里◎編著

子どもへの気づきがつなぐ「チーム学校」

スクールソーシャルワークの視点から

B5判・112頁・本体1800円